Anna K.

TOTAL BEDIENT

★★★★★

Ein Zimmermädchen erzählt

Aufgeschrieben von
Isabel Canet und Matthias Stolz

| Hoffmann und Campe |

Alle Personen, Namen und Orte, die in diesem Buch erwähnt werden, sind verfremdet worden. Am Wahrheitsgehalt des Geschilderten ändert sich dadurch nichts.

1. Auflage 2012

www.hoca.de
Satz: Pinkuin Satz und Datentechnik, Berlin
Druck und Bindung: GGP Media GmbH, Pößneck
Printed in Germany
ISBN 978-3-455-50257-2

HOFFMANN UND CAMPE

Ein Unternehmen der
GANSKE VERLAGSGRUPPE

Inhalt

Frühstück inklusive

Das erste Mal geheult hab ich nach zwei Wochen. Wegen des Frühstücks. Dieses Ehepaar, beide um die siebzig, stand vor mir und bebte vor Entrüstung. Ich wusste nicht mehr, wie ich es noch erklären sollte: Frühstück gibt es von halb sieben bis halb elf. Ich glaube, das war das Erste, was ich im Hotel auswendig gelernt hatte. Und jetzt standen diese beiden vor mir und wollten unbedingt um halb zwölf frühstücken.

»Wir kommen immer um halb zwölf zum Frühstück«, sagte die Frau, mit Betonung auf dem »immer«, nachdem ich ihr schon zwei Mal erklärt hatte, dass das unmöglich sein konnte. Sie, ein Pelzmäntelchen tragend, funkelte mich giftig an. Er, hager und knotig, stand einen Schritt hinter seiner Frau. »Wenn Sie hier keine Ahnung haben, dann richten Sie Ihrem Chef bitte aus: Wir kommen um halb zwölf.«

Ich sammelte mich. Ich wollte ganz ruhig bleiben. Es nicht nur ihnen erklären, sondern mich auch selbst noch einmal vergewissern: »Im Frühstücksraum wird ab halb zwölf für das Mittagessen eingedeckt. Es ist also gar nicht möglich, dann noch zu frühstücken.«

Sie schwiegen eine Weile, und fast glaubte ich, gewonnen zu haben. Aber dann sagte er, und es klang jetzt, als habe er Geduld mit *mir*: »Also gut, Fräulein.« Pause. »Wir nehmen den Tisch ganz außen, mit Blick nach unten.« Der Frühstücksraum lag im fünften Stock, und alle wollten außen sitzen, um die Stadt zu sehen, natürlich. Eigentlich müsste man Frühstücksräume planen, in denen jeder außen sitzt.

Mir traten die Tränen in die Augen. Ich hatte in den ersten beiden Wochen, die mein Frühstücksdienst jetzt dauerte, schon gelernt, selbstbewusst zu sein, wenn Gäste unerfüllbare Wünsche hatten. Ich hatte gelernt, freundlich, aber nicht demütig darauf zu antworten. Jetzt war ich plötzlich unsicher: Konnte es nicht doch sein, dass man um halb zwölf … In diesem Moment schoss Frau Bock aus der Küche. Sie musste alles mit angehört haben, denn sie herrschte die beiden an: »So, mir reicht's. Frühstück bis halb elf, Schluss, aus, Ende der Durchsage.«

Das Rentnerpärchen war von ihrem Auftritt offenbar genauso beeindruckt wie ich. Auf jeden Fall verließen die beiden den Frühstücksraum in einer Geschwindigkeit, die ich ihnen gar nicht zugetraut hätte.

Frau Bock verschwand so schnell wieder in der Küche, wie sie aufgetaucht war. Die Schwingtür schwang noch ein paar Mal energisch hin und her. Es war mir nur recht. So sah sie wenigstens nicht, dass mir jetzt doch die Tränen über die Wangen liefen.

Nur nicht zu viele warme Worte, so war Frau Bock, Service-Chefin im Hotel Central und in dieser Funktion schon seit gefühlten fünfzig Jahren dabei. So war sie mir schon am allerersten Tag meiner Ausbildung begegnet.

Als ich mich, es war Februar und noch bitterkalt, brav an der Rezeption vorgestellt hatte, die Mütze noch auf den Ohren, kam sie herbeigeeilt, schenkte mir einen strafenden Blick aus kleinen, faltenumrahmten Augen und sagte zur Begrüßung nur: »Sie sind zu spät.«

Ich starrte sie verblüfft an und stammelte schließlich, dass man mir doch gesagt habe, ich solle um acht Uhr erscheinen. Und es war wirklich Punkt acht Uhr.

»Schichtbeginn ist um halb sechs«, entgegnete mir Frau Bock, ohne mich anzusehen. »Aber nun ist's halt so. Kommen Sie mit.«

Sie trug einen langen schwarzen Rock, eine weiße Bluse und eine grünliche Weste darüber, das Gleiche, das auch ich bald tragen würde. Sie war allerhöchstens einen Meter fünfundfünfzig groß, entwickelte auf ihren kurzen Beinen aber ein erstaunliches Tempo.

Ich raffte meine Tasche und gab mir Mühe, auf meinen neuen, extraflachen Schuhen, die ich mir auf Anraten meiner Mutter eigens gekauft hatte, mit ihr Schritt zu halten. Ich versuchte, ihr zu folgen und mir gleichzeitig den Weg von der Rezeption in die Küche zu merken. Und dann war sie plötzlich verschwunden. Sie war einfach zu schnell. Oder ich zu unaufmerksam. Oder beides. Jedenfalls hatte ich sie verloren. Oder sie mich. Ich blieb stehen, hoffend, sie würde den Verlust bemerken und zurückkehren. Sie kam aber nicht zurück, und ich überlegte, ob meine Ausbildung vielleicht nur einen einzigen Tag dauern sollte. Zu blöd zum Gehen, ein wunderbarer Kündigungsgrund.

Nach ungefähr zwei Minuten, die ich wartend im Flur

verharrte, ging ich zurück zur Rezeption, wo noch immer das junge Mädchen von eben hinter dem Tresen stand und mit dem Kugelschreiber Kringel auf einen Block malte.

»Hat dich Frau Bock nicht gerade ...?«, fragte sie verwundert.

»Doch.« Ich verzichtete auf eine Erklärung.

»Okay«, sagte das Mädchen und lächelte, »ich bringe dich hin.«

Als ich schließlich in der Frühstücksküche stand, kommentierte Frau Bock meine Ankunft mit einem Stirnrunzeln, zeigte mir, wo ich meine Tasche und meinen Mantel ablegen konnte, und erklärte in knappen Worten meinen ersten Job: Tische abräumen. Draußen im Frühstücksraum saßen die Gäste und frühstückten, und ich sollte das dreckige Geschirr und Besteck in die kleine Küche tragen. Ich sollte ihr zuschauen und es dann einfach genauso machen.

Da waren sie also, meine ersten Gäste. Ich näherte mich den besetzten Tischen vorsichtig mit meinem Tablett und fragte jedes Mal, ob ich denn schon etwas mitnehmen könnte. Nicht immer bekam ich darauf eine Antwort.

Meine Hände waren noch steif von der winterlichen Kälte, und natürlich dachte ich, dass mir etwas herunterfallen würde, aber zu meiner eigenen Überraschung geschah das nicht. Ich packte das Tablett nicht so voll wie Frau Bock, die einen ganzen Tisch mit einem Gang abräumen konnte. Ich ging sicher drei oder vier Mal, aber das schien ihr nicht zu missfallen. Gegen Ende der Schicht hatte ich fast den Eindruck, als lächele sie mir einmal zu, was aber auch eine Fehlinterpretation ihrer Mimik gewesen sein konnte. Vielleicht hatte sie auch nur einem Gast zugelächelt, das war wahrscheinlicher.

Ich räumte ab, bis auch der letzte Gast gefrühstückt hatte. Gesprochen wurde an diesem ersten Tag fast nichts mehr. Als alle Teller gespült waren – damals dachte ich noch, die Geschirrspülmaschine sei *ausnahmsweise* kaputt –, sagte mir Frau Bock: »Gut, danke. Das war's für heute. Aber kommen Sie morgen doch bitte pünktlich.« Ich verzichtete darauf, die Sache erneut aufzuklären, nickte stattdessen und verabschiedete mich.

Es war noch früh, erst zwei Uhr mittags, als ich wieder zu Hause war, aber ich war todmüde von dieser ersten Schicht. Meine Füße taten schrecklich weh und mein Rücken auch. Ich stellte fest, dass ich um diese Uhrzeit niemanden, aber auch wirklich niemanden aus meinem Freundeskreis hätte treffen können, um von meinem ersten Tag zu erzählen. Die meisten waren jetzt in der Uni oder im Büro. Facebook gab es damals noch nicht. Also saß ich in meinem Wohnzimmer, hörte Musik, rauchte ein paar Marlboro Menthol und schaute dem Stundenzeiger zu, bis er die Fünf erreicht hatte. Dann rief ich meine Mutter an, die sich einigermaßen interessiert meinen Erlebnisbericht anhörte. »Sei morgen pünktlich«, sagte sie am Ende, und mir kamen Zweifel, ob sie mir richtig zugehört hatte.

Als ich an diesem Tag ins Bett ging, stellte ich den Wecker auf halb vier. Das tat weh, und ich ahnte, wie weh es erst tun würde, ihm am nächsten Tag auch gehorchen zu müssen.

Viele Frauen, die sich für einen Job im Hotel entscheiden, tun dies, weil sie sagen: Ich will etwas von der Welt sehen! Fremde Sprachen sprechen! Und natürlich, der Klassiker: was mit Menschen machen!

Mich bewegte nichts von alledem. Nach dem Abitur wusste ich erst mal nicht, was ich machen sollte. Psychologie studieren – das hätte mir vielleicht gefallen. (Aber ich sah mich nie wirklich als Studentin.) Ich bildete mir ein, dass ich mich besonders gut in andere Menschen hineinversetzen konnte. Mein kleiner Bruder, vierzehn Jahre nach mir geboren, war kein einfaches Kind, und in den Jahren vor meinem Auszug war ich oft die Einzige, die ihn bändigen konnte. Sein Vater, der nicht derselbe Mann ist wie mein Vater, lebte nicht bei uns. Mein Vater war ausgezogen, als ich sechs Jahre alt war. Wir waren also erst zu zweit und dann eine Weile zu dritt – meine Mutter, mein Bruder und ich.

Ich jobbte damals in einem Sonnenstudio, durchblätterte tonnenweise Frauenmagazine und fachsimpelte über Bräunungsstufen und die Auswirkungen von UV-Strahlen auf gefärbtes Haar. Bald wurde klar, dass ich einen richtigen Beruf brauchte. Ich wohnte nicht mehr zu Hause, seit meine Mutter und ich ein Jahr vor meinem Abitur beschlossen hatten, unsere Wohnung sei zu eng für uns drei und dass es unsere Beziehung nur verbessern könne, wenn wir uns nicht mehr jeden Tag auf der Pelle hocken. Meine Mutter fand eine schöne Wohnung für mich, siebzig Quadratmeter, Altbau, nur einen Steinwurf entfernt. Damals war ich siebzehn.

Meinem Abischnitt hat es wahrscheinlich nicht gutgetan, als Einzige in der Klasse schon ausgezogen zu sein, wurde meine Wohnung doch schnell zum Treffpunkt meiner guten und weniger guten Freunde. Sie alle wussten es zu schätzen, endlich einen Ort zu haben, an dem sie trinken, rauchen und kiffen durften, so viel sie wollten, und an dem sie küssen durften, wen sie wollten. Ich habe mich manchmal gefragt, ob sie in meiner Wohnung auch ohne mich genauso gut weitergefeiert hätten und was wohl passiert wäre, wenn ich mich lautlos davongeschlichen hätte. Wie lange hätte es gedauert, bis mich jemand vermisst? Vielleicht hätte irgendwer gefragt: »Wo ist eigentlich Anna?«, aber ganz sicher, ohne sich lange mit der Antwort aufzuhalten.

Schließlich wollte ich Immobilienkauffrau werden. Ich stellte es mir schön vor, Leuten Wohnungen zu zeigen und mich ein bisschen mit ihnen zu freuen, wenn sie sie dann bekamen. Ich schrieb mehr als fünfzig Bewerbungen, unterschrieb in meiner schönsten Mädchenschrift und bekam nur Absagen.

Weil ich ja nicht für immer Sonnenstudio-Tussi bleiben konnte, ging ich an den Ort, an den ich bis dahin keinen Gedanken verschwendet hatte, den uns aber schon unsere Lehrer wärmstens empfohlen hatten: ins BIZ, das Berufsinformationszentrum des Arbeitsamtes. Das BIZ war damals noch jene Institution, in der mindestens die Hälfte meines Abi-Jahrgangs herausfand, welcher Beruf oder welches Studium denn ungefähr passen könnte. Als ich Abi machte, gab es noch nicht in jeder Wohnung Internet und wir wurden noch nicht mit dem Zwang groß, schon mit zwölf wissen zu müssen, wohin die Reise beruflich einmal gehen sollte. Ich tippte also ein paar Antworten zu meinen Vorlieben und meiner Persönlichkeit in den BIZ-Computer und unterhielt mich danach fünf Minuten mit einer Frau, die nicht mich, sondern die Mappen anschaute, die verstreut auf ihrem Schreibtisch lagen. Danach war das Ergebnis da: Ich solle doch Hotelfachfrau werden. Warum, weiß ich bis heute nicht.

Na ja, dachte ich, hat ja auch was mit großen Häusern zu tun. Ich schrieb eine einzige Bewerbung und wurde sofort zum Gespräch eingeladen. Erstaunlicherweise ging es weniger darum, was ich konnte oder schon gemacht hatte – gut, was hat man als Abiturientin auch schon gemacht? –, sondern nur darum, in welchem der drei Hotels des Besitzers ich anfangen wollte, und wann.

Das ist wohl gemeint, wenn ältere Leute von Schicksal reden. Außerdem dachte ich: Du bewirbst dich einfach mindestens ein Jahr lang weiter als Immobilienkauffrau, es muss ja irgendwann klappen. Ich war in die Hotellerie gerutscht und ich hatte vor, auch schnell wieder hinauszurutschen. Ich entschied mich für das Hotel Central, ein Drei-Sterne-Haus in der Nähe des Ku'damms, weil ich die Lage praktisch fand.

Das Frühstückmachen lernte ich schnell: Saftspender auffüllen, Brot auftischen, Müsli rausräumen, die warmen Sachen dazu, die Platten mit Käse und Wurst, die die Spätschicht in den Kühlraum gestellt hat, Joghurt und das Obst. Speck und Würstchen braten, das Rührei aus Trockeneimasse und Wasser zubereiten, sodass es am Ende wie ein monolithischer Block Bratmasse im Chafing Dish liegt und von den Gästen verschlungen wird. Eine

Stunde Vorbereitungszeit hatte ich, von halb sechs bis halb sieben, dann kamen die Frühaufsteher.

Um die Arbeit interessanter zu gestalten, stellte ich soziologische Untersuchungen an: »Paarkommunikation im Frühstücksbereich eines deutschen Drei-Sterne-Hotels« nannte ich die Doktorarbeit, an der ich in Gedanken schrieb. Ich unterschied die Schweiger in zwei Gruppen: die, die schweigen, weil sie sich nichts mehr zu sagen haben, und die, die sich harmonisch anschwiegen. Paare, die morgens ausgelassen miteinander redeten und lachten, waren selten. Nur bei den unter Dreißigjährigen waren die Schweiger in der Minderheit. Zwischen vierzig und Mitte fünfzig schien mir das unglückliche Schweigen seinen Höhepunkt zu haben. Später, so ab sechzig, nimmt das zufriedene Schweigen zu.

In Gedanken gab ich Prognosen ab: Wer wird noch wie lange ein Paar sein? Pluspunkte in diesem Spiel gab es, wenn er sich erkundigte, ob sie ein Rührei wolle oder wenn sie ihm ungefragt Kaffee nachschenkte. Minuspunkte gab es, wenn er aufstand, während sie noch an ihrem Brötchen kaute. Ich behaupte, Paare könnten sich den Weg zum Therapeuten sparen, sie müssten nur einen Hotelangestellten fragen: Haben wir noch eine Chance oder ist eh schon alles zu spät? Wir könnten darauf eine Antwort geben.

Aber statt zu therapieren, waren Frau Bock und ich bis zum Mittag voll beschäftigt mit Eindecken, Aufbauen, Nachlegen, Nachfüllen, Nachkochen und dem nie endenden Abräumen und der, wenn sie mal funktionierte, dampfenden Spülmaschine, die in wenigen Sekunden

Unmengen Geschirr wusch und trocknete. Sechshundert Mal, ich hab es nachgezählt, läuft man im Schnitt zwischen Küche, Tischen und Buffet auf und ab. Sechshundert Mal balancieren und aufpassen, dass einem die Schwingtür zur Küche nicht die dreckigen Teller aus der Hand schlägt.

Zweiunddreißig Plätze hatte der Frühstücksraum, und meine größte Angst war stets, dass einmal alle hundertzwanzig Gäste auf einmal kommen könnten. Auch wenn dieser Fall nie eintrat, Stau gab es dauernd. Und damit natürlich schlechte Laune.

Wir haben immer wieder versucht, die Frühstücksgäste zu steuern, haben extra Tische frei gelassen, die wir eigentlich schon fürs Mittagessen hätten fertig machen können, und haben die Ecktische immer ganz schnell leer geräumt, denn so am Rand gefällt es eigentlich allen, dachten wir, da sitzt man nicht mittendrin und wird von allen Seiten beim Krümeln beobachtet. Es schlängeln sich auch nicht ständig Leute an einem vorbei und balancieren ihre Tomate-Gurke-Ei-Auswahl über einem hinweg. Hat es etwas genutzt? Nein. Der Frühstücksmensch folgt keinen Regeln. Er ist nicht steuerbar. Er macht, was er will, und das hat prinzipiell nichts mit dem zu tun, was ich gewollt hätte. Warum setzt sich die vierköpfige Familie ausgerechnet an den Mitteltisch, auf dem sich noch die beschmierten Teller der Vorgänger türmen, auf dem kein frischer Kaffee und keine saubere Tasse steht, und guckt sich dann vorwurfsvoll nach dem Service um, der das alles hier mal wieder gar nicht im Griff hat? Warum geht der alleinreisende Mann mit der Börsenzeitung an den Fenstertisch, obwohl da locker fünf Leute Platz gefunden hätten, und zwingt die Radlergruppe, die eine Sekunde zu spät aus dem Fahrstuhl kommt, dazu, erst mal zwei Tische zusammenzurücken, wobei die Blumenvase umkippt, die Tischdecke feucht wird und diese Tischburg jetzt als unüberwindbares Hindernis mitten im Raum steht? »Frollein«, das lieben nicht nur männliche Radfahrer um die fünfzig, »Frollein, der Kaffe«! Kaffe mit einem e.

Es ist bemerkenswert, mit welchen Gesten die Gäste darauf aufmerksam machen, dass sie ein neues Getränk wünschen. Sie wedeln mit ihren leeren Thermoskännchen oder weisen mit offener Handfläche in die leere Tasse und ziehen dabei die Augenbrauen hoch, als hätte ich es ahnen müssen, dass ihre Kanne in Kürze leer sein würde. Vor allem bestellen sie ihren zweiten Kaffee mit einer Ungeduld, als drohen sie an einem akuten Koffeinmangel zu sterben.

In so ein Kännchen, das wir pro Person ausgaben, passte ein halber Liter Kaffee. Ich kenne bis heute wenig Menschen, die zu Hause mehr als einen Liter Kaffee trinken, bevor sie zur Arbeit gehen.

Auf der Käseplatte lagen immer drei Sorten: ein gelber Scheibenkäse, das war meistens Butterkäse, Camembert am Stück und Frischkäseringe mit Kräuter- oder Pfefferrand. Fehlte eine Sorte, wurde sie innerhalb von Minuten nachbestellt, auch wenn der gleiche Käse sonst manchmal einen ganzen Vormittag lang nicht angerührt wurde. Es brachte also nichts, den am einen Tag ausgehenden Käse am folgenden Tag reichlicher aufzudecken. Manchmal sah ich die leere Stelle auf der Käseplatte und wettete mit mir selbst, ob ich es schaffen würde, die zehn auf »Kaffe« wartenden Gäste zu versorgen, und dann das Käseplattenloch zu stopfen, ohne dass es jemand vorher einforderte. Eine Wette, die ich regelmäßig verlor.

Sie nahmen die frischen Teller vom Stapel, den man mühsam aus der Küche heranbalancierte. Keine Chance, ihn vorher abzustellen. Und immer dieses »Saft, Saft!«. Einmal schoss eine junge Mutter auf mich zu, im Kindersitz quengelte ihr Kind, sie hielt mir ihr Glas unter die Nase und befahl immer wieder »Saft!«.

»Ja, was, Saft?«, dachte ich grimmig. Da vorne steht er doch. Das Sprechen in ganzen oder gar höflichen Sätzen schien angesichts der kostenlosen Lebensmittel, die man jetzt noch schnell essen konnte, nicht mehr zu funktionieren. Es kam vor, da erschienen wild gestikulierende Menschen in der Küche, weil sie uns wohl im Verdacht hatten, einen Plausch zu halten. »Eintritt nur für Personal«-Schild hin oder her. Mit einem Lächeln begleitet man sie hinaus und hört sich ihre Beschwerde weiter lächelnd an. Die große Unzufriedenheit, sie begann schon am frühen Morgen.

Schöne Aussicht

Nach sechs Monaten wechselte ich vom Frühstück auf die Terrasse. Ich bekam jetzt mehr Sonne und hatte einen besseren Ausblick, das waren die Vorteile. Der Nachteil war, dass ich nun ganz alleine im Dienst war. Ich hätte nicht gedacht, dass ich Frau Bock, deren Herzlichkeit sich in den letzten Monaten nicht merkbar gesteigert hatte, einmal vermissen würde. Jetzt hieß es endgültig: ich gegen die Gäste. Anna gegen den Rest der Welt. Auf der Karte standen zwar nur »Kleinigkeiten«, so nannten wir das, aber in Ermangelung eines Kochs oder einer Köchin musste ich diese Kleinigkeiten, einen Salat, ein Sandwich oder einen Eisbecher, selber zubereiten. Ich nahm also die Bestellungen auf, bereitete Kaffee und Kleinigkeiten zu, servierte sie, kassierte, räumte ab und machte auch den Abwasch selbst. Die Spülmaschine war mit schöner Regelmäßigkeit kaputt. Das alles wäre kein Problem gewesen, wären gleichzeitig nie mehr als fünf Tische besetzt gewesen. Aber es waren oft mehr Gäste da. Sehr oft. Viel mehr. Vor allem, wenn die Sonne schien. Und sie scheint oft in Berlin, viel öfter als einem lieb sein kann. Es war nicht zu schaffen.

Die Terrasse war für Berliner eine Art Institution, weniger für Touristen, weil man sie von der Straße aus nicht sehen konnte. Um hier heraufzufinden, musste man schon wissen, dass es diese Terrasse gibt. Wenn ich manchmal zwischen den Tischen über die Schultaschen der Elftklässler stieg und mich fragte, wie ich es jemals schaffen sollte, fünfzig Leute gleichzeitig zu bedienen, beneidete ich die Schüler in ihrer unbeschwerten Sorglosigkeit, mit der sie hier den Tag vertrödelten. Meine eigene Schulzeit lag erst ein knappes Jahr zurück, aber wie wenig hatte mein Leben noch mit dem von damals zu tun. Acht Wochenenden am Stück arbeiten, ohne freien Tag dazwischen, morgens um halb vier aus dem Bett, nicht selten vor Erschöpfung abends um acht hinein – mein altes und mein neues Leben hätten unterschiedlicher nicht sein können.

Die Mehrzahl der Gäste auf der Terrasse waren Rentnerinnen, die sich nach dem Einkauf auf dem Ku'damm eine Pause gönnten. Zum Glück bestellten Damen über sechzig damals nur sehr selten Kaffee mit Milchschaum, sondern waren mit einem Kännchen Filterkaffee vollends zufrieden. Hätten alle einen Latte macchiato bestellt, ich weiß nicht, ob ich dann nicht irgendwann von der Terrasse gesprungen wäre.

Eher nachteilig war, dass Rentnerinnen keine jungen Frauen mögen. Ich war neunzehn, schlank, hatte abgenommen durch die viele Rennerei und die kurzen Nächte, meine Haare waren noch von Natur aus blond und Falten hatte ich auch nicht. Das reichte schon, um ihre Missgunst zu wecken. Jens und Tim, meine männlichen Mitazubis, berichteten von sagenhaften Trinkgeldern älterer Damen, von zweistelligen Beträgen war die Rede. Ein Glück, das mir nie zuteil wurde.

Im Central waren in der Regel zwischen acht und zehn Auszubildende gleichzeitig beschäftigt. Dazu kamen oft drei oder vier Praktikanten, die ein paar Monate blieben, und die dazu verdammt waren, mit Bierwasser die Blätter des Ficus Benjamini an der Rezeption auf Hochglanz zu bringen. Festangestellte gab es natürlich auch, ungefähr genauso viele wie Auszubildende, aber weil die Festen es meistens schafften, sich den unbeliebten Schichten am Wochenende oder spätabends zu entziehen, lagen die Geschicke des Hotels tatsächlich nicht selten ganz in der Hand von uns Azubis. Wir verdienten dreihundertvierzig Euro im ersten Lehrjahr und schmissen ein gut besuchtes Drei-Sterne-Hotel mit fünfzig Zimmern. Wäre ich besser in Mathe gewesen, hätte ich mal ausgerechnet, wie viel Prozent des Umsatzes einer Nacht eigentlich für uns übrig blieb.

Das Central war weder besonders schön noch besonders hässlich. Es erfüllte alle Ansprüche eines Drei-Sterne-Hotels: Die Einrichtung war schlicht und praktisch. Die Teppiche waren kurzgeschoren und hart, grünlich, das passte zu unseren Westen. An den Wänden verstaubte Abstraktes in ebenso grünen Bilderrahmen. In der Lobby bremste ein überdimensional großer Tresen jeden Ankommenden, davor vier schwarze Ledersessel, in denen ich in drei Jahren nie jemanden habe sitzen sehen. Ein Prospektständer, ein Zeitungstisch, fertig.

Die anderen Auszubildenden hatten ein halbes Jahr vor mir im Herbst angefangen, als ich noch im Sonnenstudio die Bänke desinfizierte. Sie kannten sich also schon ziemlich gut, als ich dazukam und erst einmal lernen musste, wie man immer ein freundliches Gesicht macht, auch wenn einem die Füße brennen. Wie man ein Glas Wein hinstellt, ohne dass es umkippt oder an den Teller knallt. Wie man ein Lachssandwich so zusammenklappt, dass auch andere Leute das essen wollen, und wie man Wechselgeld herausgibt, ohne sich dauernd zu verzählen.

Ich stellte mich anfangs nur zu Sara, Katja, Tim und Jens, wenn sie rauchten, und rauchte mehr oder weniger schweigend mit. Die Jungs, beide zweiundzwanzig und damit ein bisschen älter als wir, waren die Witzemacher der Runde. Sie machten die Omi mit dem wackeligen Gebiss nach (»Hambse keene Schahne, junger Mann?«), und die anderen lachten begeistert.

Es dauerte eine Weile, bis ich einigermaßen dazugehörte und anfing, mich regelmäßig gegen fünfzehn Uhr, also kurz vor Beginn der offiziellen deutschen Kaffeetrinkzeit, mit Sara und Katja hinter einem der Notausgänge auf eine Zigarette zu treffen. Wir hätten da natürlich nicht stehen dürfen und es war besser, sich nicht von Frau Bock dabei erwischen zu lassen, aber hier war unser Blick fast so gut wie von der Terrasse. Es wäre ein großer Fehler, als Hotelangestellter nicht zu rauchen. Es brächte einen um die Chance, ab und an ein kleines Päuschen zu machen, um der Sucht nachzugehen, für die jeder, aber auch wirklich jeder, Verständnis hat. Was wäre wohl passiert, wenn ich gesagt hätte: Ich gehe mal kurz raus, einen Apfel essen, ich brauch jetzt einen? Es rauchten also fast alle, und es verstanden auch alle, dass man rauchte, eine rauchen *musste*, und zwar *jetzt*.

Am besten verstand ich mich mit Katja. Sie war so alt wie ich und trotzdem das ganze Gegenteil von mir: klein, laut, frech und manchmal auch ziemlich launisch. Sie brachte es fertig, einem Mittagsgast mit »Na gut, wenn's sein muss« zu antworten, wenn der sich ein zweites Spiegelei bestellte. Zum Glück hatte Frau Bock das nicht gehört.

Katja sah unglaublich gut aus, hatte langes dunkles Haar und grüne Augen. Sie sah viel besser aus als ich, das musste ich neidlos zugeben. Dass sie das immer so energisch bestritt, machte sie nur noch sympathischer.

Einmal, als ich frühmorgens auf die Terrasse kam, um langsam mit dem Eindecken der Tische zu beginnen, lehnten sich Jens, Katja, Tim und Sara über das Geländer und hielten sich die Bäuche vor Lachen. Ich traute meinen Augen nicht: Sie waren tatsächlich damit beschäftigt, Eier auf die gegenüberliegende Fassade zu werfen, quer über die Straße, mit dem Ziel, eines der Büros zu treffen, in denen man tagsüber die Angestellten einer Bank beobachten konnte.

Wenn sie jemand dabei erwischt hätte, wäre es für uns alle das Aus gewesen. Trotzdem faszinierte mich ihr sinnloses Tun. Sollte doch einer kommen und sich beschweren! Letztendlich nahm ich auch ein Ei in die Hand. Erst fand ich es albern und verkehrt, machte mir Sorgen, dass gleich Frau Bock hinter mir stehen würde. Aber dann war ich mehr darum besorgt, nicht weit genug zu werfen und am Ende doch noch einen Passanten unten auf dem

Bürgersteig abzuschießen. Das Ei flog und flog und stürzte der Straße entgegen, bis es in letzter Sekunde im ersten Stock des Bankgebäudes gegen ein Fenster klatschte. Volltreffer.

Die anderen johlten. Jens schlug mir kameradschaftlich auf die Schulter, und ich strahlte vor Stolz. Mit dem Eierwurf hatte ich nun auch den Respekt der Jungs erlangt. Wir waren nun nicht mehr die drei Mädels und die beiden Jungs, sondern die fünf Azubis. Wir sind bis heute gute Freunde.

Es flogen nicht nur Eier von der Terrasse, es klatschte auch schon mal eine Tomate oder ein Pfannenheber an die Küchenwand. Mein Handy habe ich einmal so heftig auf den Boden geworfen, dass ich es in Einzelteilen und mit Totalschaden zusammensuchen musste. Es verging kaum ein Tag, an dem nicht einer von uns vor Wut und Verzweiflung die Nerven verlor. Wir hatten keine Chance, das, was wir schaffen mussten, auch wirklich zu schaffen. Niemand kann fünfzig Personen alleine abfertigen. Niemand kann wochenlang ohne Pause um halb vier aufstehen, ohne irgendwann vor Müdigkeit verrückt zu werden. Niemand kann gleichzeitig Eier für vierzig Personen braten und Kaffee kochen und Äpfel schneiden und Teller waschen. Also versuchten wir so gut es ging, einander zu helfen, verlängerten unsere Schichten, wenn die anderen nicht zurechtkamen, und nahmen uns manchmal einfach nur tröstend in den Arm.

Katja habe ich mehr als einmal heulend neben der Tiefkühltruhe im Keller gefunden, ein Geschirrtuch in den Händen, das sie vor Wut zu zerreißen versuchte. Manchmal setzte ich mich einfach dazu und heulte eine Runde mit.

In den wenigen Momenten, in denen wir Zeit zum Nachdenken hatten, fragten wir uns manchmal, ob das hier ewig so weitergehen konnte. Wer will schon immer nur bedienen?

Wenn wir ehrlich hätten sagen sollen, was wir da im Hotel lernten, es hätte sich für jeden anderen lächerlich und banal angehört. Tische eindecken, aha, Kännchen servieren, Wahnsinn, Betten machen, wow. Ich hatte ihnen von meinen Immobilienplänen erzählt, die, je mehr Zeit verstrich, in immer weitere Ferne rückten. Ich glaube, ich habe im Central im Abstand von mehreren Monaten ganze drei Bewerbungen geschrieben, und trotzdem habe ich mir die ganze Zeit gesagt: Du kannst ja immer noch was anderes machen.

Ich betrog mich selbst, aus Bequemlichkeit vielleicht, oder weil die Tage so schnell vergingen und weil die andauernde Müdigkeit in den Beinen so lähmend war, und weil es immer wieder diese wunderbaren Momente mit den Kollegen gab, die für jeden Ärger entschädigten.

Ich hasste es, Teller abzuspülen, immer dieses dreckige Geschirr in den Fingern zu haben, aber ich hatte immerhin einen Job, einen richtigen, und ich war immerhin wichtig genug für eine ganze Menge Leute, die ohne mich weder Kaffee zum Frühstück noch ihr Erdbeereis am Nachmittag bekommen hätten. Ohne mich würde das Central nicht funktionieren, konnte ich mir sagen, und das war nicht mal gelogen. Dass das der Mechanismus der Selbstausbeutung ist – zu wenig Geld, zu viel Verantwortung –, kam mir erst viel später in den Sinn.

Wir waren manchmal bis spät in die Nacht nur zu zweit im Hotel, zwei junge Frauen von neunzehn und zwanzig, eine an der Bar und eine am Empfang. Und niemand, der uns im Notfall hätte helfen können. Das Central war nicht klein und außerdem ziemlich verwinkelt. Ein Hotel macht auch nachts Geräusche, und wenn die langen Gänge verwaist dalagen, schlossen wir die Haupttür ab und öffneten nur, wenn sich jemand zweifelsfrei als Gast ausweisen konnte.

So spät alleine im Hotel zu sein fühlte sich an wie damals, als ich mit zehn, elf Jahren zum ersten Mal abends alleine zu Hause war, meine Mutter hielt mich für groß genug, es bis zehn Uhr auszuhalten, aber in Wahrheit fürchtete ich mich vor jedem Schritt, den ich im Treppenhaus hörte, und vor jedem Lichtschein, der durchs Fenster meines Kinderzimmers traf.

Es ist ungerecht, dachte ich: Ein Mann, der alleine an der Rezeption sitzt, muss nie fürchten, dass eine Zimmertür aufgeht und eine baumstarke, angetrunkene, zu allem entschlossene Frau herauskommt und ihn ins Zimmer zerrt. Was für ein unfassbares Privileg, ohne diese Vergewaltigungsangst leben zu dürfen.

Ich habe es gehasst, an der Bar zu stehen, ohne Gäste und Kollegen in der Nähe, oder an der Rezeption, von wo aus mich die Freier, die auf dem Ku'damm auf und ab spazierten, sehr gut sehen konnten. Hätte mich einer gepackt und irgendwohin gezerrt, ich hätte ruhig schreien können. Es hätte mich niemand gehört.

Manchmal betraten zu später Stunde Obdachlose die Lobby. Woher sollte ich wissen, ob ihnen einfach nur kalt war, ob sie mich um Geld bitten oder Ärger machen wollten? Ich hielt vor Schreck den Atem an, wenn einer von ihnen hereinschlurfte und vor sich hin murmelnd auf mich zukam. Der Trick war, sie gar nicht erst wie einen Obdachlosen zu behandeln. Wenn ich freundlich fragte, wie ich ihnen helfen könne, dann verloren sie bald die Lust, mit mir zu reden, und verzogen sich, genauso langsam, wie sie hereingekommen waren.

Sara hatte einmal, als ihre Frühschicht begann, einen Obdachlosen im dritten Stock gefunden, der es sich dort im Treppenhaus gemütlich gemacht hatte. Sie erschrak so sehr, dass sie einen Schrei ausstieß, wodurch der Mann aus seinem Schlaf geweckt wurde. Er schaute sie an, als sei er nicht sicher, ob sie zu seinem Traum oder zur Wirklichkeit gehöre. Sie nahm sich zusammen und wies ihn an, aufzustehen und sich hinauszubegeben. Er gehorchte tatsächlich, rappelte sich auf, kramte seine Sachen zusammen, und es schien ihr, als sei ihm das Ganze, nun da er wach war, ein wenig peinlich. Doch als sie zu zweit im Aufzug standen und sich die beiden Metallflügel der Tür geschlossen hatten, fixierte er ihre Augen und rückte näher an sie heran als es ihr lieb sein konnte. »Du bist schuld«, sagte er dabei. »Du hast mich dahin gezerrt.« Und dann immer wieder: »Du bist schuld!«

Wenn Sara das erzählte, musste jeder lachen, weil sie seinen Blick und seine Sprache, halb betrunken und halb wahnsinnig, ziemlich gut nachahmen konnte (gut, ich kannte das Original nicht, aber glaubwürdig klang es). In Wirklichkeit fand Sara die ganze Sache gar nicht komisch. Der Fahrstuhl, der sich im Central gemütlich durch die Etagen ruckelt, schien viel länger zu brauchen als sonst.

Katja wurde einmal zweihundert Meter vom Hotel entfernt in ein Auto gezerrt, morgens um fünf, als es noch stockfinster draußen war. Sie schrie, strampelte und konnte entwischen. Seither hatten wir nicht nur Angst im Hotel, sondern auch auf dem Weg dorthin. Wir kamen fortan nur noch in Hosen, nicht mehr in Röcken oder Kleidern, wenn wir Frühschicht hatten. Auf dem Ku'damm waren einfach zu viele seltsame Gestalten unterwegs. Katja kaufte sich ein Auto, einen alten VW Polo. Manchmal holte sie Sara und mich damit zu Hause ab.

Dass wir Auszubildenden immer enger zusammenrückten, nicht nur im Polo, war nicht verwunderlich: Wer im Hotel arbeitet, muss sich einen neuen Freundes- oder Bekanntenkreis suchen, allein schon wegen der Arbeitszeiten.

Meine Mutter und meinen Bruder sah ich so selten wie noch nie, und meine Schulfreundinnen lernten Berufe wie Bürokauffrau oder gingen an die Uni. Sie hatten ihre festen Arbeitszeiten und auch die Studenten hatten ihre freien Wochenenden. Ich ging, wenn ich früh anfangen musste, oft um acht ins Bett und hatte dafür nachmittags um drei nichts zu tun.

Was macht man als Neunzehnjährige mit einem freien Mittwochnachmittag? Gar nichts. Nicht selten blieben wir einfach trotzdem im Hotel, um den anderen zu helfen. Oder wenn man einen zweiten fand, der auch frei hatte, suchten wir uns einen freien Platz auf der Terrasse, um dort abzuhängen. Ohne es zu merken, war das Hotel zu unserem Leben geworden.

Ich arbeitete fast jeden Samstag und jeden Sonntag, dafür hatte ich dienstags oder donnerstags frei. Und so hatten auch meine Ausgehzeiten und -tage mit dem Rhythmus außerhalb vom Hotel bald nichts mehr zu tun. Meine Ausgehtage wurden Montag und Mittwoch, und ich lernte die Gastro-Partys kennen – Partys, auf denen so gut wie nur Hotelleute und Leute aus der Gastronomie erschienen, weil an diesen Tagen kein normaler Mensch zum Feiern geht. Es störte mich wenig, dass die Musik auf den Partys eher durchschnittlich war, im *Dante* am Hackeschen Markt oder im *Puro* über dem Europacenter, wo man samstags vermutlich niemals freiwillig hingegangen wäre. Bis kurz vor meinem Start im Central war ich mit Lasse zusammen gewesen, einem Techno-DJ, auch wenn Techno nun wirklich nicht meine Welt war. Ich fand damals Britney Spears gar nicht mal so schlecht.

Manchmal tanzten wir die Nacht durch, Katja und ich. Wir fühlten uns frei und verwegen, und wenn wir morgens über die Straßen liefen, fragte die eine die andere: »Musst du heute arbeiten?« Manchmal gingen wir direkt vom Club zurück ins Hotel.

An einem dieser Gastro-Party-Abende im *Dante* traf ich Marc, den ich bereits vom Sehen aus der Berufsschule kannte. Marc lernte in einem der ganz großen Fünf-Sterne-Häuser in Mitte. Sein Ziel war es, irgendwann einmal Hotelmanager zu werden. Er fand seine Ausbildung großartig und auch die Rückenschmerzen und die langen

Tage waren ihm völlig gleichgültig. Ich beneidete ihn, und vielleicht gefiel er mir auch deshalb so gut, weil er seinen Job so gar nicht infrage stellte. Ein richtiges Paar wurden wir nicht, Spaß hatten wir jede Menge. Es wurde ein schöner Spätsommer mit Marc.

Ich glaube, ich habe mit Marc nie über meine Ängste im Hotel gesprochen.

Ich weinte oft schon, wenn ich mit dem Bus zum Hotel fuhr. Ich wusste: Es würde wieder ein heißer Tag werden, die Sonne würde scheinen und sie würden wieder alle da sein: die Eisesser, die Kuchenesser, die, die lieber Pute statt Schwein auf dem Sandwich haben wollten, die, die ihre Schorle gerne mit Johannisbeersaft und nicht mit Traube wollten, das hätte ich mir doch mal merken können, und die, die nicht mehr zahlen wollten, weil ich sie zwanzig Minuten lang warten lassen musste, da ich keinen sauberen Teelöffel mehr finden konnte für den Pfefferminztee an Tisch zwölf.

Ich weinte die ganze Busfahrt leise vor mich hin, aus dem Fenster schauend, sodass es niemand sehen konnte, und dann hatte ich noch zweihundert Meter, um mich zu sammeln, um mir zu sagen: Du schaffst es! Du hast es doch gestern auch irgendwie geschafft, und vorgestern und vorvorgestern. Du musst einfach noch schneller werden, das alles noch besser organisieren, dann wird alles gut, auch wenn wieder fünfzig Gäste auf einmal kommen. Ich sah die Fassade des Hotels hinauf und dachte wirklich, es läge an mir.

Service, bitte

Als ich zum ersten Mal Betten machen durfte, erschien mir das wie eine Erlösung. Ich konnte einfach keine schmutzigen Teller mehr sehen. Dann schon lieber ein benutztes Bett. Was kann eine Nacht der Sauberkeit eines Zimmers schon anhaben? So dachte ich, als ich im Housekeeping anfing, und lernte, dass man das so nennt, und nicht Zimmerservice oder Putzen, auch wenn im Central die Grenzen da manchmal fließend waren.

Den einzigen Haken bei der Sache sah ich damals bei Dana. So hieß unsere Hausdame, und ich hatte Respekt vor ihr. Großen Respekt.

Eine Hausdame wacht über die Zimmermädchen (weiblich) und Reiniger (männlich), außerdem guckt sie in der Küche, in der Lobby und in allen anderen öffentlichen Bereichen nach der Sauberkeit. Sie ist zuständig für das, was der Gast nie sehen darf: Schmutz, Wasserflecken, Unordnung und nicht geleerte Mülleimer. Sie bestellt die Wäsche, streitet mit der Wäscherei, wenn etwas fehlt oder zu spät kommt, und sorgt für Nachschub in den Minibars. Der Begriff Hausdame drückt Grazie und Respekt aus, schließlich hat die Hausdame im Normalfall ein ganzes Heer von fleißigen Geistern unter sich, die für Schönheit und Annehmlichkeit in vielen Bereichen des Hotels zuständig sind. Vielleicht ist der Begriff auch deshalb nur Hotelangestellten geläufig, nicht aber den Gästen, für die alle immer nur Zimmermädchen sind, weil sie in der Tätigkeit des Zimmerputzens nichts Damenhaftes erkennen können. Dana wurde ihrer Berufsbezeichnung mehr als gerecht. Sie war blond, groß, hatte unfassbar weiße Zähne, immer einen perfekt gezogenen Lidstrich und gerade so viel Make-up aufgetragen, dass es auffiel, ohne billig zu wirken. Sie benahm sich, als wäre sie im Central geboren und war sich ihrer Wirkung sehr bewusst.

Wenn wir manchmal nach dem Frühstück der Gäste im Konferenzraum zusammensaßen, um die übrig gebliebenen Croissants mit Nutella zu verdrücken, dann setzte sie sich immer in die Mitte der u-förmig angeordneten Tische, an den Chefplatz also, und erzählte so laut und durchdringend von ihrem Wochenende oder irgendeinem Ereignis aus ihrem Leben, als gälte es eine Herde Schwerhöriger zusammenzuhalten und als sei eines ganz sicher: Jeder im Raum wollte das hören.

Dana hatte ein eigenes Büro. Das verschaffte ihr Respekt, auch wenn dieses Büro nur die Wäschekammer war, in der sie sich einen Klappstuhl und einen Tisch aufgestellt hatte. Hinter dem Stuhl war ein Laken gespannt, hinter dem wir uns vor und nach der Arbeit umzogen, Männer und Frauen am gleichen Ort, was blendend funktionierte, weil Dana zumeist vor dem Laken saß und darauf achtete, dass nicht gerade der Wäschefahrer mit den neuen Handtüchern hereingerollt kam, wenn Sara oder ich mit einem zu engen Rock kämpften.

Dana war damals dreißig, also nur zehn Jahre älter als ich und damit so alt wie ich heute, aber sie erschien mir viel älter und reifer, als ich es heute bin. Sie gab mir das Gefühl, dass ich hundertfünfzig Jahre alt hätte werden können, und es hätte trotzdem nicht gereicht, um von ihr respektiert zu werden.

Vielleicht war ich ihr auch nur zu leise und zurückhaltend, aber wenn sie manchmal überlaut »Wie bitte?« rief, wenn ich etwas sagte, dann sicher nicht, weil sie mich nicht hören konnte, sondern weil sie es nicht wollte.

Dana ließ sich weder vom Chef noch von den Gästen aus der Ruhe bringen und begegnete den meisten Menschen wie eine gütige Mutter, freundlich, aber bestimmt. Wenn der Chef sie morgens um halb elf nach sauberen Zimmern fragte, weil unten einer stand, der sich doch für den frühen Flieger entschieden hatte und nun mit erwartungsvollen Augen auf sein Zimmer wartete, dann geriet sie nicht in Panik, sondern empfahl Chef und Gast gleichermaßen, doch erst mal einen Kaffee trinken zu gehen. In der Zwischenzeit würde schon ein Zimmer fertig werden. Da war keine Spur von Unterwürfigkeit, und das gefiel mir.

Sara und Katja nannten sie »tough« und bewunderten sie. »Die hat ’nen coolen Job«, sagte Sara schon damals, was ich ihr anfangs sogar glaubte.

Ich wurde also Danas Assistentin und fand, das höre sich irgendwie wichtig an. In den ersten Wochen im Housekeeping putzte ich die Zimmer selbst, zusammen mit unseren beiden Reinigern, Mehmet und Wolfgang. Später war ich nur noch dafür zuständig, die Arbeit der beiden zu überprüfen und ihnen notfalls hinterherzuputzen. Das war ein Privileg. Von Mitschülerinnen in der Berufsschule wusste ich, dass es Häuser gab, in denen ein ganzes Jahr lang erst mal nur geputzt wurde – jeden Tag. Und das waren nicht die kleinen Pensionen am Eck, das waren große Häuser mit vier und fünf Sternen.

Mehmet und Wolfgang kamen aus der Türkei, und es sprach einiges dafür, dass Wolfgang wohl in Wahrheit ein bisschen anders hieß, aber für uns war er eben Wolfgang. Die beiden hatten Humor, aber weil ihr Deutsch nicht das allerbeste war, bewarfen wir uns in Ermangelung verbaler Späße einfach mit den Putzlappen.

Die beiden waren nicht beim Hotel beschäftigt, sondern arbeiteten für eine Firma, die das Central unter Vertrag hatte. Dass sie nicht im Central angestellt waren, war für mich damals bedeutungslos. Sie waren nicht weniger angesehen in der Hackordnung des Hotels als wir Azubis. Wann immer die Arbeit es erlaubte, kamen sie mit uns zum Frühstücken in den Konferenzraum, und man hätte nicht sagen können, wer hier für wen arbeitete. Auch Dana machte da keinen Unterschied.

Zu meinen täglichen Aufgaben gehörte es jetzt also, die Gästezimmer zu besichtigen, nachdem Mehmet oder Wolfgang darin gewischt, gesaugt und gefegt hatten.

Auch bei den Zimmern gab es einen festen Rhythmus – wie beim Frühstücksbuffet war es ratsam, ihn nicht zu verändern, um nichts zu vergessen. Als Allererstes kamen alle dreckigen Sachen vor die Tür: Bettlaken, Handtücher, Müll. Geputzt wurde dann meist erst das Bad, Toilette, Waschbecken, Dusche, kein Wasserfleck durfte zurückbleiben und kein Krümel Toilettenpapier. Schlimmeres natürlich auch nicht. Einseifen, Schrubben, Polieren. Dann die Betten. Die frischen Laken mögen für den Gast eine Wohltat sein – ich habe sie verflucht. Bretthart kamen sie aus der Wäscherei zurück, gestärkt, als solle man damit jemanden erschlagen können. Sie auseinanderzuziehen erforderte viel Kraft, die man spätestens nach sechs Zimmern eigentlich nicht mehr hatte. Als Nächstes legte man Fernbedienung und Zeitschriften ordentlich hin, die Fernsehzeitung mit dem aktuellen Datum aufgeschlagen nach oben. Der Kugelschreiber kam auf die Mappe zum Hotel, Aufschrift nach oben, man sollte ja lesen, wo man sich befand, auch auf dem Stift.

Ich war als Kind mit meiner Mutter viel gereist. Wir hatten zwar nicht viel Geld und in Luxushotels verirrten wir uns auch nicht, aber ihr war es wichtig, uns möglichst viel von der Welt zu zeigen. Ganz gleich, in welchem Hotel oder in welcher Pension wir unterkamen, sie legte Wert darauf, alles ordentlich zu hinterlassen. Kein Gedanke, einfach mal das Bett nicht zu machen, weil es ja gleich eh vom Zimmermädchen gemacht werden würde, oder mal den Müll neben den Eimer zu werfen, weil er ja ohnehin eingesammelt werden würde, bevor die nächsten Gäste kamen. Auch wenn ich längst ungeduldig an der Tür stand, um endlich zum Strand zu kommen, musste ich noch mein Laken gerade ziehen und das Nachthemd zusammenlegen.

Ich stellte fest, dass die Gäste des Central mehrheitlich eine andere Erziehung genossen hatten. Welcher Grad der Verwüstung innerhalb nur eines Abends und einer Nacht zu erreichen war, erstaunte mich immer wieder.

Die Toiletten waren natürlich auch hier ein Problem, sicher, aber da würde ich später noch ganz andere Dinge erleben als die dreckigen Klobrillen im Central.

Es war auch nicht so, dass wir Rockstars zu Gast hatten, die die Spiegel einschlugen oder den Fernseher aus dem Fenster warfen. Unsere Gäste waren ganz gewöhnliche Leute, mittleres Management auf Dienstreise, ältere Ehepaare, Familien mit Kindern.

Das Schlimmste war von Anfang an die Luft. Oder sagen wir: die Abwesenheit von Luft, frischer Luft. Alle Hotelzimmer, selbst die kleinen, haben Fenster. Fenster haben in der Regel Griffe. Die kann man drehen, zumindest als Erwachsener. Wenn der Griff senkrecht nach oben steht, kann man das Fenster kippen, das ist meistens so. Vielleicht verrate ich damit ein wirklich gut gehütetes Geheimnis: Fenster lassen sich öffnen! Wenn man sie öffnet, kommt Luft herein, Sauerstoff, Frischluft. Nach einer gut durchgeschlafenen Nacht, der Morgenverdauung zweier Erwachsener und dem mehrmaligen Windelwechsel beim zuckersüßen Nachwuchs ist das eine sehr empfehlenswerte Sache.

So wenig die Menschen, die ich kenne, zu Hause literweise Kaffee in sich hineinschütten, bevor sie zur Arbeit gehen, so wenig sitzen sie tagelang in ungelüfteten Wohnungen herum und freuen sich, wenn das Kondenswasser langsam die Scheiben runterläuft. Warum Menschen im Hotel grundsätzlich nicht lüften – ich kann es bis heute nicht erklären. Glauben sie, dass sie in ihrer neuen Umgebung weniger Sauerstoff verbrauchen, oder glauben sie, sie stellen die Transpiration ein, nur weil sie Urlaub haben? Oder gehört es zum Hintersichlassen des verhassten Alltags, dass man auch die allereinfachsten Dinge vernachlässigt, aus Prinzip, weil man jetzt ja mal darf?

Schafft es das menschliche Gehirn tatsächlich nur, von den tausend kleinen Handgriffen des Alltags auf den Handlungsmodus null umzuschalten? Sind Zwischenstufen nicht vorgesehen?

Ich bin jedenfalls der Meinung, dass ein Urlaubstag keinesfalls ruiniert ist, wenn man morgens das Fenster kippt, bevor man das Hotel verlässt. In den Zimmern von Geschäftsreisenden stinkt es übrigens genauso wie in Urlauberzimmern. Schweiß, alte Socken, Verdauung, das ganze Horrorkabinett – und das täglich. Wenn ich zuerst in die Zimmer musste, hielt ich beim Öffnen immer die Luft an und flitzte als Erstes zum Fenster. In neun von zehn Fällen war es, natürlich, fest verschlossen.

Es gab Tage, da träumte ich von automatischen Fensteröffnern in den Zimmern. Ingenieure des Landes, dies ist ein Aufruf: Ist es nicht ein Kinderspiel, das elektrische Türschloss des Hotelzimmers mit einer Fensterkippanlage zu kombinieren?

Leider kamen zu den menschlichen Ausdünstungen in der Regel noch andere Duftnoten. Es verbessert die Raumluft nicht wirklich, wenn man abends im Zimmer ein Käse- oder Wurstbrötchen isst, die Rinde oder Pelle in den Papierkorb wirft und das letzte Stückchen Dauerwurst noch hinterher. Wovon träumen die nachts, fragte ich mich manchmal, wenn ich morgens den Chorizo aus dem Müll schüttelte, bemüht, weder zu genau hinzusehen noch allzu tief Luft zu holen. Vor allem Salami- und sonstige Wurstreste gehen eine wirklich ungute Verbindung mit Polstern, Decken und Gardinen ein. Eine scharfe Salami zwei Tage im Rucksack neben dem Vorhang – man kann ihn danach in die Reinigung geben. Den Rucksack sicher auch, aber vielleicht mag es der Besitzer ja auch, wie ein lebender Hundeköder durch Berlin zu wandern.

Salami ist wahnsinnig beliebt bei Gästen. Sie übersteht auch längere Bus-, Bahn- oder Flugreisen. Man kann sie zur Not auch ohne Messer anknabbern, und für den Fall, dass es keine Minibar gibt, hält sie auch ohne Kühlung mehrere Tage. Im Zimmer angeschnitten oder angebissen, entwickelte sich jede Salami und jede Landjägerwurst zur Stinkbombe mit einer Halbwertzeit von mehreren tausend Jahren. Hatte das Zimmer eine Minibar: noch besser. Man konnte einfach die teuren Schnäpse und Colas ausräumen und die eigene Aufschnittplatte in die Gitter des Minikühlschranks quetschen. In den Minibars haben wir so viel Käse und Wurst gefunden, wir hätten alleine davon überleben können.

Eigentlich müsste es in Hotelzimmern ein streng kontrolliertes Salamiverbot geben. Ich würde mich melden, wenn Freiwillige gesucht würden, die das Gepäck auf Salami untersuchen – auch wenn das ein Job wäre, in dem es allerlei Gezeter der Gäste zu erdulden gäbe, weil sie sich das Durchsuchen des Gepäcks und alleine schon den Verdacht natürlich verbitten. Nach den Strapazen am Flughafen wäre dies vermutlich genau eine Gängelung zu viel.

Ich habe mich oft gefragt, warum dieselben Menschen, die sich am Flughafen wie Vieh behandeln lassen, Schuhe und Gürtel ausziehen und sich in enge Sitz- und Wartereihen quetschen, warum sich diese im Hotel so vollkommen anders verhalten, nichts mehr erdulden und alles beanstanden. Aber vielleicht ist das ja kein Widerspruch. Vielleicht benehmen sie sich im Hotel so, weil sie am Flughafen so mies behandelt wurden. Vielleicht müssen sie das jetzt wieder loswerden. An uns.

Ich fände jedenfalls ein Salami-Verbot in Hotelzimmern wichtiger als das Getränke-mitbringen-Verbot in Flugzeugen. Ich würde auch keinesfalls darauf bestehen, die bei der Durchsuchung entdeckte Salami wegzuwerfen oder dazu auffordern, sie unverzüglich aufzuessen, nein. Ich würde die Salami, hübsch verpackt, in einem Kühlschrank an der Rezeption aufbewahren – und bei der Abreise gäbe es sie zurück. Versprochen.

Beste Grüße von der Direktion

Unseren Chef Chef zu nennen, war insofern richtig, als Martin Köster tatsächlich formal der Geschäftsführer des Hotels war. Allerdings trat er in dieser Funktion nicht übermäßig oft in Erscheinung.

Kösters Morgenritual: knapp grüßend um sechs Uhr ankommen, Abstecher in die Küche, Brötchen schmieren, Kaffee holen und dann Rückzug ins Back-Office am Ende des Gangs hinter der Rezeption. Gegen elf ließ er sich meist eine von einer von uns fein geschnittene Ananas oder eine geschälte Orange bringen.

Manchmal fragten wir uns, was er den ganzen Tag in seinem Büro zu tun hatte, außer ein paar Gruppenbuchungen gab es eigentlich nicht viel Arbeit für ihn. Marketing und Werbung wurden von der Zentrale gemacht, da konnte er bestenfalls ein bisschen mitreden. Wir hatten auch fast keine Stammgäste, denen es wichtig war, vom Chef persönlich begrüßt zu werden. Und Streitfälle, in denen er zwischen Personal und Gästen schlichten musste, waren auch eher selten.

Was tat er also von morgens bis abends? Er trug die Verantwortung für uns. Aber verhoben haben wird er sich daran nicht. Er wusste ja: Es läuft auch ohne ihn, nur mit den Azubis. Sorgen, dass das Hotel nicht genug Umsatz machen würde, musste er sich auch nicht machen, er war ja Angestellter mit festem Gehalt, und die Besitzer, ein Berliner Ehepaar, denen die drei Häuser unserer Mini-Kette gehörten, forderten ihn offenbar auch nicht allzu sehr. Jedenfalls kündigten sie ihre seltenen Besuche immer so rechtzeitig an, dass wir in Ruhe gründlichst putzen konnten und noch genug Zeit blieb, die kaputte Spülmaschine reparieren zu lassen.

Martin Köster war Mitte vierzig, hatte eine glatt gecremte goldbraune Haut und eine wogende Mähne blonder Locken, die er sich alle paar Sekunden hinter die Ohren steckte. Er roch gut, das war mir gleich aufgefallen, und vor allem morgens waren wir von seiner Parfumwolke aus Chanel Antaeus vollkommen benommen. Seine Hemden waren perfekt gebügelt, die Nägel gefeilt und die Schuhe auf Hochglanz poliert. Die Gäste mochten ihn, er brachte sie zum Lachen, er stellte ihnen Fragen, und wenn er wollte, sah er dabei sogar ernsthaft interessiert aus. Und wer zweimal mit ihm gelacht hatte, den duzte er.

Leider hatte es sich Köster zur Angewohnheit gemacht, sich schon am Vormittag das ein oder andere Gläschen zu gönnen. So viel Chanel konnte er gar nicht verwenden, dass man das nicht gerochen hätte. Wenn er zu viel getrunken hatte, streunte er durchs Hotel und legte jedem Mitarbeiter, den er erwischen konnte, einen Arm um die Schultern und brabbelte ihm ins Ohr. »Annaannaannaanna.« Besten Dank.

Wenn er nicht trank, war das der Stimmung im Hotel

auch nicht unbedingt zuträglich, denn dann neigte er dazu, cholerisch zu werden und den nächstbesten Mitarbeiter anzubrüllen. Katja versuchte stets, ihn bis zu seinem ersten morgendlichen Ausraster zu meiden. Danach war er tatsächlich meist erträglicher. Ich hielt mich in dieser Sache ganz an sie.

Köster zog auch gerne mal los, um einen Einkaufsbummel zu machen. »Ich bin mal kurz weg«, sagte er dann und blieb nicht nur kurz, sondern oft für Stunden verschwunden. Wenn er zurückkam, trug er schwer an riesigen Einkaufstüten von Karstadt oder seine Haare waren frisch frisiert. Wenn er überhaupt am selben Tag wiederkam.

Was ich wirklich hasste, waren die Sonntage, an denen seine Freunde kamen: Dann wurden wir verpflichtet, für fünfzehn bis zwanzig seiner Leute einen Riesenbrunch zu veranstalten. Es gab Champagner für alle.

Natürlich nicht für uns. Abkassieren mussten wir bei diesen Veranstaltungen auch nie. Uns Azubis war es unter Strafe verboten, Freunde oder Verwandte mitzubringen. Wer jemanden abholen wollte, musste vor der Tür warten.

Martin Köster war auch definitiv kein Chef, auf den man sich, wenn es brenzlig wurde, verlassen konnte. Sara wusste das besonders gut. In unserem zweiten Lehrjahr hatte sie Silvester Spätdienst an der Rezeption. Sie war, wie so oft, alleine, und es näherte sich langsam Mitternacht. Vielleicht kam es gerade vom romantischen Essen auf dem Ku'damm und wollte jetzt alleine auf dem Zimmer anstoßen, vielleicht hatte auch nur das Flugzeug Verspätung gehabt, auf jeden Fall kam um halb zwölf noch ein Gästepärchen zum Check-in. Erwartungsvolle Blicke, Vorfreude, vielleicht ein bisschen Genervtsein, dass sie jetzt noch einen Zettel ausfüllen mussten. Ein ganz normaler Check-in also. Das Problem war nur, dass es keine Zimmer mehr gab.

Ausgerechnet in dieser Nacht hatte Sara das verdammte Pech, den Gästen klarmachen zu müssen, dass das Hotel leider voll war und dass sie trotz Reservierung kein Zimmer mehr bekommen konnten, was ihr natürlich sehr leid täte. Alle Hotels überbuchen, weil man immer davon ausgeht, dass irgendjemand kurzfristig absagt. Aber diesmal war keine Absage gekommen. Stattdessen bot Sara den beiden ein Zimmer in einem nur einen knappen Kilometer entfernten Hotel an, und selbstverständlich würde sie auch ein Taxi rufen, das die beiden dorthin bringen würde. Das Hotel sei außerdem ein Vier-Sterne-Haus, also noch besser als das Central, und kosten würde das auch nichts extra. Normalerweise funktioniert der Trick mit dem Upgrade. Diesmal leider nicht.

Sara kam nicht dazu, das Taxi zu rufen, denn der Mann war schon knallrot angelaufen und begann jetzt zu schreien. Die Frau hielt sich am Tresen fest wie eine Ertrinkende und schnappte nach Luft. Sara brach der Schweiß aus, und als sei sie nicht schon da, wo sie stand, drückte der Mann nun wie verrückt auf die kleine Klingel auf dem Tresen. Das Gepingel war unerträglich.

»Warum kommt denn hier keiner?«, schrie der Mann.

»Wer soll denn kommen?«, fragte Sara, obgleich sie ahnte, dass er den Chef sehen wollte. Einen richtigen, männlichen Chef, nicht sie, die so wenig cheffig aussah. Dass sie hier mutterseelenallein war, konnten die beiden ja nicht wissen.

»Ihren Chef! Sofort! Ich will Ihren Chef!« Die Frau nickte dazu wie ein Huhn auf Körnersuche. Der Chef. Jetzt.

In ihrer Not rief Sara Herrn Köster an, dessen Handynummer für alle Fälle hinterm Tresen klebte. Sie fürchtete, er würde gar nicht drangehen, und als er dann doch abhob, war sie sogar erst mal erleichtert. Aber Herr Köster konnte schon seinen Namen nicht mehr fehlerfrei aussprechen. Unmöglich, den Hörer weiterzugeben in die starr ausgestreckte Hand des Gastes, der jetzt am ganzen Körper zitterte wie unter Strom. Die Frau starrte auf ihre Uhr.

»Wenn hier nicht gleich etwas passiert, rufe ich die Polizei!«, brüllte der Mann weiter. Ankündigung und Tat lagen in diesem Fall keine dreißig Sekunden auseinander.

Silvester 2001 verbrachte Sara mit Herrn und Frau U. aus Stuttgart-Vaihingen schweigend in der Hotellobby. Die Polizei kam kurz vor eins und brachte das Ehepaar mit dem Streifenwagen in sein neues Hotel. Das Taxi hatte sich das Central also gespart.

Ich arbeitete damals im Housekeeping und hatte in dieser Zeit eigentlich gar nicht viel mit Köster zu tun, sah ihn manchmal nur einmal am Tag und war damit auch ganz zufrieden.

Damit die Person am Empfang weiß, in welches Zimmer sie einen ankommenden Gast schicken kann, muss sie natürlich informiert werden, ob das Zimmer schon geputzt und bezugsfertig ist. Dies dem Empfang zu melden, war eigentlich ein völlig banaler Vorgang: Ich drückte auf dem Telefon, das ich immer bei mir trug, die richtigen Tasten und die Rezeption sah auf ihrem Computerbildschirm, welche Zimmer fertig waren.

Und weil das so banal war, hatte ich es an diesem Tag auch glatt vergessen. Skifahrer verletzten sich ja auch immer dann, wenn sie denken, ein Abhang sei besonders einfach zu fahren. Die Zimmer waren geputzt und fast alle auch gecheckt, es war kurz vor zwei, aber keines von ihnen wurde unten angezeigt. Zu meinem Pech stand am Empfang an diesem Tag Herr Köster höchstpersönlich und hatte ausnahmsweise das Bedürfnis, sich einmal selbst um seine Gäste zu kümmern.

Er musste schon seine liebe Not damit gehabt haben, den Frühanreisenden zu erklären, dass noch keine Zimmer frei sind. Und natürlich hätte Köster schon viel eher nach Zimmern fragen können, jeder andere hätte das getan, er aber meldete sich erst, als kurz vor zwei zwanzig Japaner an der Rezeption erschienen und nach ihren Zimmern verlangten.

Das genügte, um Kösters Gehirn vom bekannten Standby-Modus in den Stress-Modus zu versetzen, eine Veränderung, die ihm nicht guttat. Stress mochte er nicht und Stress konnte er nicht.

»Du kommst jetzt sofort hierher!«, er hätte das Telefon gar nicht gebraucht – ich hätte ihn sicher ohne Mühe auch durch die Etagen hören können, so laut hat er gebrüllt. Ich stand gerade in einem Zimmer im dritten Stock, hatte meine Runde fast beendet und war froh, dass ich das

Taschentuch hinter der Gardine, das Mehmet übersehen hatten, doch noch gefunden hatte.

Als Köster so brüllte, war mir natürlich sofort klar, was ich vergessen hatte. Man hätte die Frage, welche Zimmer nun beziehbar sind, schnell am Telefon klären können, aber dazu hätte er mir zuhören müssen. Danach war ihm jetzt offensichtlich nicht. Ich nahm die Treppe, nicht den Aufzug, weil ich so schneller war und weil ich ahnte, dass es jetzt auf jede Sekunde ankam, in der man vermeiden konnte, dass sein Blutdruck weiter stieg.

Köster stand vor dem Rezeptionstresen, neben ihm die Japaner, und noch bevor ich ein Wort der Entschuldigung hervorbringen konnte, packte mich Köster am Arm und schob mich vor sich her den Gang entlang in Richtung Büro. Ich weiß nicht mehr, was ich in diesem Moment dachte. Ich war überrumpelt, der Arm schmerzte von seinem festen Griff, die erstaunten Blicke der Gäste folgten mir den Gang hinunter. Köster öffnete die Bürotür und stieß mich mit beiden Armen in den Raum, sodass ich erst durch den Tisch gebremst wurde, auf dem der Drucker stand.

Köster hatte, seit ich unten war, kein Wort mehr gesagt. Jetzt baute er sich vor mir auf und schrie. Von einem erwachsenen Mann, der sich in dreißig Zentimeter Abstand vor einem aufpflanzt, aus voller Lunge angeschrien zu werden – ich weiß nicht, ob es Menschen gibt, denen das nichts ausmacht und die das mit einem Lachen wegstecken und sich freuen, selber ein entspannterer Charakter zu sein. Mich hatte in meinem ganzen Leben noch niemand so angeschrien, nicht einmal meine Mutter, als ich ihr mit vierzehn zum fünfundsiebzigsten Mal erklären wollte, warum es zu viel Make-up einfach nicht gibt, sondern jeder angebliche Kajal-Exzess noch problemlos steigerbar ist. Köster fuchtelte mit dem Haustelefon herum, ich saß fast auf dem Drucker, ein weiteres Zurückweichen war unmöglich.

»Welche Zimmer sind fertig? Los, sag schon!«

Köster hatte mich wieder am Arm gepackt und schüttelte die Zimmernummern förmlich aus mir heraus. Dann ließ er mich stehen und stampfte zur Rezeption zurück. Das alte Gästetaschentuch kam mir gerade recht, um mir über das Gesicht zu wischen.

Was dürfen wir sonst noch für Sie tun?

Fünfundsechzig – das war in etwa das durchschnittliche Alter derjenigen, die Sara und mir gerne zuzwinkerten und sich erkundigten, ob wir denn nicht nach Feierabend noch mit auf ein Bierchen kommen wollten. Wir amüsierten uns über die Rentner und ihre unbeholfenen Flirtversuche, die wir mit einem »Nein, danke« oder schlimmstenfalls dem reichlich angestaubten Hinweis »Ich bin in festen Händen« abwehren konnten. Es blieb ein Spielchen, und ich fand es eher belustigend als unangenehm, der übergewichtigen Grauhaarfraktion regelmäßig einen Korb geben zu müssen. Ich gönnte ihnen den kleinen Spaß weit weg von ihren Ehefrauen. Ich wusste ja: Die habe ich im Griff.

Ich befand mich in der vierten Phase meiner Ausbildung, nach Frühstück, Terrasse und Housekeeping sollte ich jetzt die anderen Stationen kennenlernen, die auch Bestandteil der Ausbildung waren, also Rezeption, Sales und Marketing.

Offiziell war ich häufig an der Rezeption eingeteilt, was aber nicht hieß, dass ich nur mit dem Check-in der Gäste beschäftigt war – auch jetzt verbrachte ich genauso viel Zeit im Service. Wir waren als Servicekräfte beim

Frühstück oder Mittagessen eindeutig begehrter denn als Mitarbeiter der Verwaltung. An der Rezeption residierte zudem für gewöhnlich eine Festangestellte, die uns Azubis nur zu gerne wieder an Dana oder Frau Bock auslieh. So kam es, dass ich den Rezeptionsjob nur sporadisch ausübte, und trotzdem lernte ich hier eine Seite des Menschen kennen, die ich niemals hätte kennenlernen wollen.

Besonders der Check-out erwies sich als heikel.

»Hatten Sie etwas aus der Minibar?«

»Nein.«

»Da ist aber ein Posten. Haben Sie nicht vielleicht doch ...«

»Nein, auf keinen Fall!«

»Die Hausdame hat hier aber drei Flaschen Bier notiert.«

»Das kann nicht sein, unmöglich.«

In diesem Moment der Konversation wusste ich, dass der Gast weiß, dass ich weiß, dass er lügt, und dass ihm das egal ist, weil er auch weiß, dass ich nichts machen kann, außer zu sagen:

»Gut, dann nehme ich das natürlich von der Rechnung.«

Die Anzahl derer, die wirklich angaben, was sie verzehrt hatten, war verschwindend gering. Das Klauen aus der Minibar war Volkssport. Menschen, die es nie gewagt hätten, im Supermarkt eine Plastiktüte mitzunehmen, ohne brav die zehn Cent zu entrichten, tranken die Colas, Biere und den kleinen Roten, als sei es ein Geschenk des Hauses. Den Aufwand, ihnen den entstandenen Schaden nachträglich in Rechnung zu stellen, machten wir nie. Die allermeisten Rezeptionisten geben klein bei. Sie müssen es tun, weil man den Gast ja nicht verärgern will, schon gar nicht in der Lobby öffentlich bloßstellen, er soll ja noch einmal wiederkommen. Der Gast ist, wenn es drauf ankommt, immer König. Und wir seine Idioten.

Auch an den Pay-TV-Konsum wollte sich am Morgen danach keiner mehr gerne erinnern. Vor allem die männlichen Gäste schienen beim Verlassen des Hotels von partiellem Alzheimer befallen zu werden. »Ich, Pay-TV? Wie kommen Sie denn auf so was?« Und dann die obligatorische Entrüstung darüber, einem unschuldigen Gast so etwas anhängen zu wollen. Auch sehr beliebt: »Ach, da muss ich wohl aus Versehen auf den Knopf gekommen sein.«

Ja, sicher. Um die Bezahlkanäle zu nutzen, musste man drei Mal bestätigen und der Sender musste länger als zwei Minuten laufen, bevor die Kostenuhr anfing zu ticken.

Und auch da lächelte man, verzieh das Geflunker und setzte die acht Euro Bumsfernsehen nicht mit auf die Rechnung.

Noch unangenehmer waren jene Gäste, die an der Rezeption anriefen und vermeldeten, es gebe da ein Problem mit den Fernsehkanälen. Und wenn wir dann im Zimmer waren, baten sie uns, für sie den Pornokanal einzustellen. Sara lachte darüber.

»Solange der sich dabei nicht noch einen runterholt, ist mir das doch egal«, sagte sie.

Es kam auch nicht selten vor, dass alleinreisende Männer sich vom Ku'damm eine grell geschminkte Begleitung in weißen Lacklederstiefeln mitbrachten, die selten länger als ein Stündchen im Zimmer blieb. Bis auf eine Ausnahme. Ich stand mit Herrn Köster morgens an der Rezeption, und er hatte ausnahmsweise gute Laune, als das Telefon klingelte und ein Gast, der schon morgens vor sechs abgereist war, mir mitteilte, er habe leider etwas im Zimmer vergessen.

»So eine hellbraune Brieftasche«, sagte er und bat um Nachsendung, die Adresse habe man ja noch im Computer. Köster ging selber los, um einen Blick in das Zimmer zu werfen. Er hatte wirklich unfassbar gute Laune. Nach weniger als zwei Minuten kam er kreidebleich wieder zurück, telefonierte hektisch mit dem Hausmeister, der gefälligst sofort mit einer Zange kommen sollte, und rief als Nächstes die Polizei. Im Zimmer saß, nackt und mit Handschellen an ein Heizungsrohr gefesselt, eine heulende Prostituierte, der der Kerl ihr gesamtes Geld gestohlen hatte. Wie die Polizei später feststellte, war er unter falschem Namen und falscher Adresse bei uns eingecheckt. Wie schön, dass er wenigstens die Hotelrechnung beglichen hatte.

Den traurigsten Fund machten wir im Zimmer eines älteren Herrn, der regelmäßig ins Central kam – immer alleine und immer auf der Suche nach hübschen Jungs, die er am Bahnhof Zoo einsammelte und mit ins Zimmer nahm. Beim Frühstück erzählte er trotzdem manchmal von seiner Frau. Er wurde eines Morgens tot in seinem Bett gefunden, neben ihm lagen eine Nadel und ein Lederhalsband. Er hatte seine letzte Erektionsspritze nicht vertragen und verstarb an einem Herzinfarkt. Der Stricher war natürlich längst über alle Berge – vermutlich war er genauso erschrocken wie wir, als wir den Alten fanden. Dana schickte uns sofort aus dem Raum, es kamen die Polizei und schließlich die Männer vom Bestattungsinstitut. Da der Sarg so sperrig war, dass er unter keinen Umständen in den Fahrstuhl gepasst hätte – auch nicht hochkant –, blieb ihnen nichts anderes übrig, als ihn vom fünften Stock über die Treppe nach unten zu tragen. Weil das Central ein offenes Treppenhaus hat, das in jeder Etage mitten im Flur liegt und außerdem an der Rezeption vorbeiführt, geschah der Transport unter reger Anteilnahme der Gäste. Ein paar ältere Damen schlugen mit einem Aufschrei die Hände vors Gesicht. Das Zimmer blieb für Wochen gesperrt.

Die Frau des Verstorbenen verzichtete darauf, dass Sara ihr die Habseligkeiten ihres Mannes zuschickte: »Werfen Sie ihm das Zeug ins Grab hinterher«, schrie sie ins Telefon.

Als ich mich an die Nutten und Pornogucker halbwegs gewöhnt hatte, erweiterte sich mein Erfahrungshorizont erneut: Der Typ war gar nicht so alt, vielleicht Mitte vierzig, schmächtig, ein alleinreisender Geschäftsmann, der für zwei Nächte gebucht hatte. Er hatte mich schon beim Check-in länger als nötig angestarrt, was ich ignorierte, indem ich irgendetwas in den Computer tippte, bis er aufhörte zu starren.

Er war schon um die Ecke gebogen, und ich atmete auf, als er noch einmal zurückkam und sich vorsichtig, fast wie auf Zehenspitzen, dem Tresen näherte und mich mit halb geschlossenen Augen fixierte. Er schien nach den passenden Worten zu suchen, und ich dachte schon »Himmel, der fragt bestimmt gleich nach den Nutten!«, weil es wirklich vorkam, dass jemand nach einer ganz besonderen Abendunterhaltung fragte. Man empfahl dann das Artemis oder ein anderes Etablissement, als würde man es kennen oder als handle es sich dabei um eine ganz besonders sehenswerte Kunstausstellung. Es war mir unbegreiflich, wie man so etwas eine Frau fragen konnte, aber hinter dem Tresen schienen wir uns in Auskunftsautomaten zu verwandeln, die einfach für alles eine Antwort haben mussten. Vielleicht machte es auch mehr Spaß, so eine Frage einer Frau zu stellen. Wer weiß, was manchen so im Kopf herumgeht.

Der Schmächtige fragte schließlich nach den Frühstückszeiten. Ich gab ihm Antwort und beschäftigte mich wieder mit dem Computer, während er sich daranmachte, die Flyer der Restaurants und Museen, die in einem Plastikständer ausgestellt waren, so intensiv zu studieren, als wolle er sie auswendig lernen. Es schien mir, als hoffe oder warte er darauf, dass ich ihn noch einmal ansprechen würde, was ich aber nicht im Entferntesten im Sinn hatte. Es wunderte mich, dass er überhaupt darauf zu warten schien. Manche hatten wirklich eine lange Leitung. Dass hier keine weitere Unterhaltung gewünscht war, hatte ich ihm doch hoffentlich klargemacht. Hatte ich ihm durch irgendein Signal zu verstehen gegeben, dass ich mit ihm flirten wollte? Glaubte er wirklich, ich wollte mit einem Typen flirten, der Prospekte studiert, als sähe er zum ersten Mal in seinem Leben Prospekte? Hoffentlich verzieht der sich bald, dachte ich.

Er entschied sich nach mehrminütigem Flyer-Studium, doch keinen mit aufs Zimmer zu nehmen, sagte kaum hörbar »Tschüss« in meine Richtung und trottete in Richtung Aufzug.

Oben im Zimmer musste er seinen Mut gesammelt haben, denn nach weniger als zehn Minuten rief er an, um mir mitzuteilen, dass sein Fernseher nicht funktioniere. Na wunderbar. Auf diese Art Beschwerde reagierte ich wie immer und stellte die üblichen Fragen:

»Ist der Stecker in der Steckdose?«

»Haben Sie den Einschaltknopf richtig gedrückt?«

»Halten Sie die Fernbedienung auch in die richtige Richtung?«

»Drücken Sie auch wirklich fest auf die Tasten?«

Ich kannte das Fernsehproblem. Viele Gäste haben es. Sie kommen im Hotelzimmer an und statt sich dort zu entspannen oder den Koffer auszupacken, probieren sie zwanghaft alle Geräte aus, den Fernseher, den Safe, die Klimaanlage oder die Heizung, immer auf der Suche nach einem Fehler, um sich umgehend beschweren zu können. Offenbar verfällt der Gast, sobald er im Hotel angekommen ist, in eine Art Mini-Depression, eine Ankunfts-Depression: Den ganzen Tag über war er damit beschäftigt, alle Termine einzuhalten, um rechtzeitig im Hotel anzukommen, und jetzt, da er das geschafft hat, fällt er in ein tiefes Loch und fragt sich: Was mache ich hier eigentlich in der großen, fremden Stadt? Also sucht er nach einem Fehler und schon geht es ihm wieder besser, weil er dadurch wieder eine Aufgabe hat.

Ich war mir sicher, der Schmächtige war auch so einer,

und nachdem er darauf bestanden hatte, dass da wirklich etwas mit dem Fernseher nicht stimmte, machte ich mich missmutig auf den Weg und ließ die Rezeption alleine – es würde ja nicht lange dauern. Denn natürlich funktionierte der Fernseher. Er funktionierte immer.

Bevor man das Zimmer eines Gastes betritt, muss man klopfen, erst vorsichtig, und wenn keine Antwort kommt, etwas lauter. Kommt noch immer keine Antwort, darf man hineingehen, aber nicht zu forsch, und ruft dabei »Zimmerservice« oder nur »Service«. Ich wurde beim zweiten Klopfen mit einem »Ja« hereingebeten.

Ich ging also hinein und kaum war ich eingetreten, bereute ich es bitter: Der Schmächtige stand splitterfasernackt vor mir.

Ich dachte zuerst: Scheiße. Und jetzt war ich wirklich genervt. Was wollte der? Ich wollte ihn so nicht sehen. Niemand will gegen seinen Willen einem nackten Mann gegenüberstehen. Weil ich gleichzeitig nicht wusste, wie ich mit so einem Gast umzugehen hatte, tat ich erst einmal gar nichts. Ich blieb stehen und sah nach dem Fernseher, obwohl ich längst ahnte, dass es darum jetzt nicht mehr gehen würde.

Der Schmächtige nutzte den Moment und drängte sich an mir vorbei. Er schlug die Tür zu und drehte den Schlüssel im Schloss herum. Ein schreckliches Geräusch. Jetzt saß ich in der Falle. Instinktiv flüchtete ich, als er zur Tür eilte, weiter ins Zimmer. Ich stand nun fast am Fenster, um Abstand von diesem Typ zu halten, der mehr denn je aussah wie ein armseliges Männchen.

Seltsamerweise habe ich ihn nicht einmal angeschrien.

Ich hätte ihn »Arschloch« nennen oder ihm irgendetwas Vulgäres an den Kopf knallen können. Aber ich brachte keinen Ton heraus.

Ich war also die Gefangene des Schmächtigen, der nicht nur unnatürlich dünn, sondern auch noch einen halben Kopf kleiner war als ich. Ich wusste: In meiner Tasche war ein Schlüssel, ich würde hier schon wieder rauskommen, aber wie würde ich zur Tür gelangen, ohne mit ihm in ein Handgemenge zu geraten?

Zum Glück dachte ich keine Sekunde daran, dass einer, der Frauen einsperrt, auch noch ganz anderes anstellen könnte und vielleicht ein Messer oder eine andere Waffe bei sich hat. Nein, ich hatte keine Angst. Ich fühlte mich nicht wie von einem potenziellen Vergewaltiger eingesperrt, sondern eher so, als sei ich durch einen dummen Zufall mit einem zappeligen Yorkshire-Terrier in ein Zimmer geraten, auf den ich zwar aufpassen musste, der mir aber nicht ernsthaft gefährlich werden konnte.

Der Schmächtige hatte offenbar auch keinen Plan, jedenfalls standen wir uns eine ganze Weile gegenüber. Wir bewegten uns keinen Millimeter. Irgendwann muss er sich gesagt haben, dass wir unmöglich stundenlang so dastehen konnten, jedenfalls kam er jetzt langsam auf mich zu, nicht wild entschlossen, eher zögerlich. Ich wich zurück, bis er mich so weit in die Ecke zwischen Bett und Fenster gedrängt hatte, dass ich halb auf der Nachttischlampe saß. Er sagte kein Wort.

Und dann ging doch alles ganz schnell: Als er die Arme nach mir ausstreckte, siegte mein Kampfgeist. Ich packte seine dürren Oberarme und beförderte ihn mit einem festen Stoß rücklings aufs Bett. Ich weiß nicht, ob er vielleicht kurz die Hoffnung hatte, ich würde ihm gleich folgen, aber zumindest rappelte er sich nicht sofort wieder auf, was ich nutzen konnte, um aus dem Zimmer zu fliehen.

Ich rannte auf den Flur, und kaum war ich draußen, geschah etwas sehr Eigenartiges: Ich musste lachen. Ein lautes, herzhaftes Lachen, das mit jedem Schritt heftiger wurde. Einerseits kam es mir seltsam, weil unpassend vor, andererseits beruhigte es mich, weil mir das Lachen die Gewissheit gab, dass ich unbeschadet aus diesem Zimmer herausgekommen war. Ich lachte noch, als ich an der Rezeption ankam, wo ich zu meiner Erleichterung auf Katja stieß.

»Was ist denn mit dir?«, fragte sie eher genervt als besorgt.

»Ich hatte einen Nackten«, sagte ich und musste mir Mühe geben, nicht sinnlos weiter zu lachen.

»Wie nackt?«

»Ganz nackt.«

»Hat er dir was getan?«

»Er hat die Tür hinter mir abgeschlossen.«

»Ach du Scheiße. Und sonst?«

»Sonst nichts.«

Sie sah mich prüfend an. Ich erzählte ihr, wie ich mich befreien konnte und dass ich vor so einem armen Würstchen niemals Angst haben würde.

»Willst du was machen?« Sie überließ es mir, die Lage einzuschätzen.

»Ach was«, sagte ich, nicht so sehr um Tapferkeit bemüht, sondern eher, weil ich wirklich keine Notwendigkeit darin sah, dass sich jetzt auch noch andere mit dem Schmächtigen beschäftigten. Katja nickte. »Kommt vor.«

Wir einigten uns, nicht weiter über den Vorfall zu sprechen. So kam es, dass außer Katja zunächst niemand von dem Vorfall erfuhr, der juristisch gesehen wahrscheinlich sexuelle Nötigung mit Freiheitsberaubung war. Keine Ahnung, wie das genau heißt und welche Art von Strafe die arme Wurst dafür verdient hätte. Der Schmächtige lief mir am nächsten Tag ohne das geringste Anzeichen von Scham über den Weg. Es sah sogar fast so aus,als wollte er grüßen, verkniff es sich aber in letzter Sekunde.

Eigenartigerweise hatte ich den Nackten schnell wieder vergessen. Er hat mich nicht traumatisiert. Ich kam nicht auf die Idee, seinetwegen die Polizei zu rufen, und auch Katja hatte das nicht vorgeschlagen. Nach ein paar Tagen sprach ich über den Schmächtigen wie Angler über Fische sprechen, nur dass mein Angreifer immer kleiner und dünner, immer lächerlicher und dümmer wurde, bis schließlich gar keine Gefahr mehr von ihm ausging.

Außerhalb des Hotels habe ich die Geschichte nur ganz wenigen erzählt, und wenn ich dann zu hören bekam, »Aber so jemanden muss man doch anzeigen!«, wusste ich nicht, was ich sagen sollte.

Es stand nie zur Debatte, die Sache so ernst zu nehmen, wie sie es vielleicht war. Ich befand mich in einer Parallelwelt, in der andere Zeiten und Gesetze gelten als für den Rest der Welt. Instinktiv hatte ich erkannt, dass man im Hotel als Frau lernen muss, über Dinge zu lachen, die definitiv nicht komisch sind.

Bitte mit Zucker

Mit Nachsicht betrachtete ich die nachrückende Generation Azubis. Noch bevor wir fertig waren, kamen wieder junge Menschen ins Central, die genau wie wir drei Jahre später wieder abtreten würden. Auch sie würden lernen, das Hotel mehr oder weniger alleine zu schmeißen. Vorerst aber waren ein paar Basisregeln zu lernen, was nicht allen leicht fiel. Als ein Gast morgens einen Kaffee mit Milch und Zucker bestellte, setzte sich einer der Neuen in Bewegung, schüttete Milch und Zucker in eine Tasse, rührte um und schritt in Richtung Tisch, bis ich mich ihm, gerade noch rechtzeitig, in den Weg stellen konnte.

Es war derselbe, der wenig später in einem Zimmer ein vergessenes Nachthemd unter dem Bett fand. Ordentlich wie er war, suchte er die Nummer des Gastes aus dem Hotelcomputer, wählte die Nummer und erklärte der Frau des Gastes, dass sie ihr Nachthemd vergessen habe und dass man es ihr selbstverständlich nachschicken werde. Es stellte sich rasch heraus, dass die Frau, mit der er sprach, kein Nachthemd vergessen hatte. Und auch gar nicht in Berlin gewesen war. Und von der Reise ihres Ehemanns dorthin wusste sie auch nichts. Ungefähr zwei Minuten, nachdem er aufgelegt hatte, wurde unserem Azubi die Tragweite seines Anrufs bewusst. Er hatte gegen eine goldene Regel verstoßen: Rufe nie, nie, nie einen Gast zu Hause an. Er legte lachend und stöhnend den Kopf auf den Rezeptionstresen und flehte uns an, es bloß nicht Köster zu verraten. Wir taten ihm den Gefallen.

Vier Monate vor dem Ende der Ausbildung zog ich in die Wohnung meines Vaters. Meine Siebzig-Quadratmeter-Wohnung war zu teuer geworden. Die Idee, zu meinem Vater zu ziehen, stammte von meiner Mutter, und ich fand sie gar nicht so schlecht. Ein Nicht-Scheidungskind hätte sicherlich ein Trauma erlitten, wenn es von der ersten eigenen Wohnung wieder zurück zu den Eltern hätte ziehen müssen. Weil mein Vater aber schon ausgezogen war, als ich sechs war, hielt sich das Trauma in Grenzen. Es kam mir gar nicht so vor, als kehrte ich nach Hause zurück, ich kannte das Zusammenleben mit ihm ja kaum. Und außerdem: Mein Vater war »sehr cool« für einen Vater, so sahen das zumindest meine Freundinnen. Er zog mit seinen Freunden – und er hatte viele davon – um die Häuser und fragte mich nie, wann ich wo mit wem gewesen war. Ich wohnte in seinem dritten Zimmer. Wir sahen uns nur manchmal am Abend, rauchten eine Zigarette zusammen und unterhielten uns über Politik, über Musik, über früher. Statt Miete zu zahlen, hielt ich die Wohnung sauber. Ich glaube, er war über unseren Deal genauso froh wie ich.

Damit war meine Wohnstätte allerdings nur noch bedingt geeignet, regelmäßige Treffen mit Sara und Katja abzuhalten. Dass der eigene Vater hereinplatzt, wenn man über Männer tratscht, gilt es unbedingt zu vermeiden, egal wie alt man ist. Mit Männerbesuch gab es damals keine Probleme: Die Beziehung zu Marc hatte sich ohne größere Schmerzen von selbst erledigt. Wir riefen uns irgendwann nur noch selten an und trafen uns noch seltener. Dass zwischen uns Schluss war, hat niemand von uns ausgesprochen, und so unbemerkt, wie es losging, endete die Geschichte auch wieder. Das Letzte, was ich von Marc vernahm, war, dass er in seinem Hotel tatsächlich übernommen wurde und damit seinem Traum, Hotelmanager zu werden, vielleicht ein Stückchen näher gekommen war.

Je näher das Ende der Ausbildung rückte, umso häufiger trafen Sara, Katja und ich uns lieber auf einen Kaffee als zum Cocktail-Trinken. Meistens im *Zimt und Zucker*, einem Café mit viel Rot und jeder Menge romantischer Deko an den Wänden – und einer großen Auswahl selbstgebackener Kuchen. Ich bestellte mir fast immer einen Latte macchiato mit Vanillesirup. Ich bin meine Vorliebe für Süßes nie losgeworden. Früher bekam ich auf Klassenreisen die Sondererlaubnis, meinen eigenen Pott Nutella im Reisegepäck mitzunehmen. Etwas anderes akzeptierte ich nämlich nicht als Brotbelag. Alle Bemühungen, die die Lehrer – es waren die achtziger Jahre – unternahmen, um mich mit dem Thema gesunde Ernährung vertraut zu machen, prallten an mir ab. Ich war geboren im Jahreskreis des selbst geschroteten Müslis und liebte nichts mehr als Schokoladencreme. Wurst oder Käse auf meiner Stulle verweigere ich bis heute.

»Was haben wir jetzt eigentlich gelernt?«, sinnierte

Katja hinter dem Qualm ihrer Marlboro Light, als wir wieder einmal in den weichen Kissen des *Zimt und Zucker* saßen. »Im Ernst: Was hat das alles gebracht?«

Nach einem tiefen Zug aus meiner Mentholzigarette und einem bedächtigen Ausatmen antworte ich: »Tische eindecken, Besteck polieren, Laken abziehen, Laken aufziehen, unter die Klobrille gucken, an den Käse in der Minibar denken, an den Käse am Buffet denken. Das haben wir gelernt.«

»Und alles immer bitte gleich, bitte recht freundlich«, ergänzte Sara. »Lächeln haben wir gelernt! Ein freundliches Gesicht machen, immer.«

Ich schwieg eine Weile. Ich hatte noch etwas anderes gelernt: Wenn mir die Sache mit dem Nackten vor drei Jahren passiert wäre – ich wäre in Tränen ausgebrochen und danach drei Tage zu Hause geblieben. Ich war ein bisschen stärker geworden. Härter. Ich hatte gelernt, dass ich viel mehr aushalte, als ich für möglich gehalten hätte.

»Und was machen wir jetzt?« Irgendeine stellte die Frage immer, wenn wir uns in diesen Wochen trafen.

»Du kannst es ja noch mal mit den Immobilien versuchen«, sagte Sara und ich musste lachen, weil ich schon erwartet hatte, dass sie mich piesacken würde.

Sara war Meisterin in der Kunst des Stichelns. Ich gab mir Mühe, darin Fortschritte zu machen. Wobei ich es einmal, ohne es zu wollen, zu einem wahren Highlight an Boshaftigkeit brachte.

Katja hatte Geburtstag, und wir waren im *Zimt und Zucker* verabredet. Ich kam etwas zu spät, und das Erste, was mir auffiel, war: »Was haben die denn hier neuerdings für einen scheußlichen Tischschmuck?«

Auf dem Tisch stand ein Blumengesteck in lila und mintgrün, mittendrin steckte ein hellgrünes Hühnchen mit Strasssteinen. Der Satz war so schnell draußen, dass ich ihn gar nicht hatte kommen sehen, und als ich sah, wie Katja vor Schreck den Mund aufriss, was ihr nur selten passiert, ahnte ich, dass etwas nicht stimmte: »Der scheußliche Tischschmuck ist mein Geschenk für Katja, meine Liebe«, sagte Sara nur.

Wenn wir uns im Café trafen, waren wir uns einig, dass wir alle einen Job außerhalb des Hotels wollten. Und wir waren uns ebenso einig, dass wir das nicht schaffen würden. Klar war aber auch, dass ein Job an der Rezeption oder in der Reservierung, im Sales oder Marketing für uns nicht infrage kam. An die Rezeption wollen alle Azubis nach ihrer Ausbildung, weil man dort ein Kostüm oder einen Anzug trägt, ab und zu mal englisch sprechen darf und dieser Job in der Hackordnung des Hotels schon mal ein bisschen weiter oben steht. Aus unserer Berufsschulklasse kannten wir nur eine Einzige, die es mit einer festen Stelle an die Rezeption ihres Ausbildungshotels geschafft hat. Wir waren uns einig, dass sie unglaublich gut aussah. Kein Mensch bezweifelt, dass in der Hotellerie die guten Jobs auch nach dem Aussehen vergeben werden. Vor allem natürlich in den Fünf-Sterne-Häusern. Man weiß ja, was der Gast sehen will, wenn er ein Haus betritt, dessen Zimmer dreihundert Euro aufwärts kosten. Sicher keine schüchterne alte Jungfer mit Hautproblemen.

Wir empfanden uns alle drei als durchaus ansehnlich und versicherten uns das auch ständig gegenseitig. Aber es wäre nicht möglich gewesen, so gut auszusehen, dass es den Nachteil einer Drei-Sterne-Ausbildung ausgeglichen hätte.

»Was können wir denn am besten?«, fragte Katja in die Runde.

»Putzen«, antwortete ich trocken und fand es nicht einmal komisch. Weil es stimmte: Ich war gut darin, die Zimmer zu checken, den Zimmermädchen die Kleinigkeiten nachzuweisen, mit denen sie sich fünf Minuten Zeit oder ein lästiges Bücken ersparen wollten.

Sara nickte. »Stimmt schon. Außerdem: Willst du jeden Tag vierzehn Stunden am Empfang stehen und immer nur Check-in, Check-out machen? Wie spannend ist das denn? Wenn du was über die Leute lernen willst, dann musst du in die Zimmer gehen.«

Wir sprachen es nie aus. Wir verabredeten es nicht. Aber ein paar Latte macchiato mit Vanillesirup später war klar, dass wir es alle drei im Housekeeping versuchen wollten. Ich, weil ich mir nichts anderes zutraute, Sara, weil sie wirklich daran glaubte, dass eine Hausdame einen spannenden Job hatte, und Katja aus einer Mischung von beidem. Vielleicht fühlten wir uns so sicherer: Wenn die Freundinnen das Gleiche machten, konnte es ja so verkehrt nicht sein.

Die Anzeige fand ich in der *Berliner Morgenpost*. Ich bewarb mich als Assistentin der Hausdame, das erschien mir angebracht. Als Hausdame selbst musste man schon mehr Erfahrung haben – oder einfach mehr Schneid.

Dass nicht ein Hotel die Assistentin suchte, sondern eine externe Firma, die sich Plan-FF nannte, war mir egal. Ich sah keinen Unterschied, der Job war ja der gleiche. Ich dachte an unsere beiden externen Reiniger im Central, Mehmet und Wolfgang, die waren nicht im Central angestellt, aber das hatte für uns nie eine Rolle gespielt.

Nur wenige Hotels leisten es sich, ihre Zimmermädchen fest anzustellen. Die meisten arbeiten mit Fremdfirmen zusammen. Deren Angestellte arbeiten oft über Jahre im selben Hotel, ohne zu dessen Personal zu gehören. Das Hotel, das ist der Vorteil, kann die externen Zimmermädchen schnell wieder loswerden, wenn es mal nicht so gut läuft. Und natürlich verdienen sie weniger Geld als echte Hotelangestellte.

Diese Firmen bieten Dienstleistungen aller Art an, nicht nur für Hotels. Von der Gebäudereinigung über Hausmeisterservice und Concierge-Dienste in Wohnanlagen bis zum Hotelservice oder Gartenarbeiten – Tag für Tag werden Bataillone von billigen Arbeitskräften über die ganze Stadt verteilt. Plan-FF betreute zu dieser Zeit knapp hundert Hotels von keinem Stern bis zu fünf Sternen. Rund zweitausend Leute arbeiteten für sie fremd.

Vielleicht war die Firma froh, dass sich tatsächlich mal jemand mit Abitur und abgeschlossener Ausbildung in den Bewerberpool verirrte. Vielleicht konnte ich wirklich glaubhaft versichern, dass mir das ordentliche Herrichten von Duschutensilien im Bad sehr am Herzen lag. Vielleicht waren sie auch nur von meiner grenzenlosen Naivität begeistert. Ich glaubte tatsächlich, dass das mit der Fremdfirma kein Fehler war.

Noch im Vorstellungsgespräch bekam ich die Zusage, sechs Wochen später im Hotel Royal anfangen zu können, einem Fünf-Sterne-Haus mit etwas mehr als zweihundert Betten.

Im Central wurde ich ohne viele Worte verabschiedet. Herr Köster war vier Wochen vor meinem Weggang degradiert worden – es muss wohl am Alkohol, seinen Sonntagspartys oder an beidem gelegen haben. Jedenfalls stand er jetzt nur noch am Empfang und ein anderer bezog das Back-Office. Sein Nachfolger interessierte sich überhaupt nicht mehr für uns, wir waren ja bald weg, dafür aber umso mehr für unsere Brüste, auf die er dauernd starrte, als hätten wir einen Fleck am Revers. Er hat mir noch in den Ausschnitt geschielt, als er mir zum Abschied die Hand drückte. Ich verließ das Hotel ohne jede Sentimentalität und beeilte mich, möglichst viele Meter zwischen mich und diesen Menschen zu legen.

Wenn ich nicht abends mit Sara und Katja angestoßen hätte, es wäre ein Tag gewesen wie jeder andere auch.

Putzen de luxe

Als ich um sieben Uhr morgens ankam, war es draußen nebelig und grau. Das Hotel war noch größer als in meiner Erinnerung. Man hörte die nahe gelegene Hauptverkehrsstraße, und da war es: das Royal. Es stand unbeteiligt in seiner ganzen hässlichen Zweckmäßigkeit im Morgengrauen. Ich betrat das Hotel durch den Seiteneingang. Man hatte mir am Telefon eingeschärft, dass ich auf keinen Fall durch die Lobby tappen sollte.

Noch nie zuvor war ich in einem Hotel gewesen, das Zimmer zu meinem Monatslohn anbietet. Frau Gabriel, meine Vorgesetzte der Firma Plan-FF, kam mir entgegen. »Herzlich willkommen!« Sie drückte mich ein bisschen. Frau Gabriel war zweiundvierzig, aber klein und untersetzt, wie sie war, wirkte sie wesentlich älter. Sie hatte etwas Mütterliches und schien sich wirklich zu freuen, dass ich da war.

»Pass auf, hier kann man sich am Anfang leicht verirren«, sagte sie, als wir eintraten. Ich lächelte. Nein, ein zweites Mal würde ich sicher nicht verloren im Gang herumstehen und nicht wissen wohin.

Im Royal war alles mindestens drei Nummern größer als im Central. Die Gänge waren länger, die Decken höher. Ich wich einem Wagen voller Toilettenpapier aus, der uns entgegengeschoben wurde. So viele Rollen Papier auf einmal hatte ich noch nie gesehen, das musste eine ganze Lkw-Ladung sein, die hier auf riesigen Rollwagen ins Hotel geschafft wurde.

War im Central die Wäschekammer zugleich Danas Büro, Umkleidekabine und Zufluchtsort, hatte der Wäscheraum des Royal, in dem ich meine Dienstkleidung bekommen sollte, die Ausmaße einer Kaufhausetage. Hunderte Hosen, Blusen, Westen und Sakkos hingen in langen Reihen parat, und ein junges Mädchen war nur dafür da, Kleidung und Wäsche auszugeben. Alles, was den Raum verließ, trug sie in eine dicke Kladde ein. So stellte ich mir das an einem Filmset vor, dachte ich mir in einem kleinen euphorischen Moment. Ich bekam Bluse und Rock und die blaue Weste, die ich von jetzt an jeden Tag tragen sollte und die mich für jeden, der hier arbeitete, als eine von denen kennzeichnete, die fürs Putzen zuständig sind. Bevor ich den neuen Look im Spiegel begutachten konnte, rief Frau Gabriel: »Die Haare!«

Ich schaute sie erstaunt an. Was hatte sie gegen meine Haare?

Sie wies auf meine Frisur. »Geht nicht.«

Sie schien eine Freundin der knappen Sätze zu sein. »Lieber ein ordentlicher Zopf.«

Ich wunderte mich, denn ich war nicht der Typ für nachlässige Frisuren und wusste, dass ich heute keinen Bad-Hair-Day hatte. Vermutlich hatte der Wind die Haare ein bisschen zerzaust, was man hier aber offenbar auf keinen Fall durchgehen lassen wollte.

Ich tat wie gewünscht und nestelte noch an meinem Fünf-Sterne-Zopf, als sie schon wieder loslegte.

»Wir haben jetzt Morgenmeeting.«

Wir verließen die Kellergänge des Hotels durch eine Stahltür, die ich mir auch in Staatsbanken nicht dicker vorstelle, und standen mitten in einem Gang mit flauschigem, hellrotem Teppich, der jedes Trittgeräusch verschluckte. Die vierte Etage war zur Hälfte für Büros und Besprechungsräume reserviert. Lautlos glitt Frau Gabriel vor mir her.

»Wir holen jetzt die Zimmerlisten und die Schlüssel von Frau Schmalberg, das ist die Hausdame vom Hotel.« Zimmerlisten, ich nickte, das kannte ich vom Central. Darauf wurde erfasst, welches Zimmermädchen wo und wann zum Einsatz kommt.

Frau Schmalberg saß in ihrem Büro hinter einer Milchglasscheibe und blickte kaum auf, als wir eintraten. Sie war eine schlanke, gut aussehende Frau. Das lange helle Haar hatte sie streng zu einem Bauernzopf geflochten, der dick und glatt auf ihrer linken Schulter ruhte. Sie trug eine Brille aus Horn, der man ansah, dass hier jemand auf Seriosität und Strenge bedacht war. Diese Frau Schmalberg sah aus wie eine Frau, die sich ein bisschen hässlicher macht, als sie ist, um ernst genommen zu werden. Das Ergebnis war ein ziemlich gut getroffener Altherrentraum einer Sekretärin.

Weil sie mich nicht beachtete, überlegte ich ernsthaft, ob ich hätte sagen sollen: Hallo, ich bin die Neue. Aber ich sagte nichts, und Frau Gabriel stellte mich auch nicht vor. Mit ihr ging es weiter in einen Besprechungsraum, in dem schon gut fünfzig Leute zusammenstanden und leise miteinander sprachen. Männer entdeckte ich nur zwei. Die meisten Frauen waren zwischen zwanzig und dreißig – offenbar war das hier kein Arbeitsplatz, an dem man alt wurde. Niemand drehte den Kopf nach uns um, als wir eintraten, niemand unterbrach sein Geflüster, und so stellte ich mich einfach stumm an den Rand zu einer Gruppe Zimmermädchen, die einen blauen Kittel über der schwarzen Hose trugen und ein blaues Band im Haar. Ich war froh, dass Frau Gabriel die Sache mit den Haaren nicht dazu genutzt hatte, mir auch so ein Band zu verpassen.

Kurz nach uns kam Frau Schmalberg in den Raum gestürzt. Jetzt waren auch ihre große, schlanke Gestalt und ihre auffällig langen Armen erkennbar. Sie wirkte in ihrer Schlaksigkeit wie eine übermotivierte Heuschrecke, schob sich nach vorne durch und musterte die Anwesenden kritisch. Es wurde still im Raum.

»Wir haben eine neue Kollegin, Anna K. von der Firma Plan-FF. Herzlich willkommen.«

Sie wusste also doch, wer ich war, auch wenn es eben noch für einen persönlichen Gruß nicht gereicht hatte. Heuschrecken, dachte ich, müssen vielleicht gar nicht den Kopf wenden, um einen zu sehen. Sie streckte ihren Arm nach mir aus und zog ihn so schnell wieder zurück, dass kaum einer ihrem Fingerzeig folgen konnte. Das war schon die ganze Vorstellung. Woher ich kam, was ich gemacht hatte – das interessierte nicht. Gut, dachte ich, ich bin ja hier auch nicht bei einem Kennenlern-Dinner, und gab mir Mühe, mich nicht zu ärgern.

Einige Zimmermädchen musterten mich jetzt unverhohlen neugierig. Das mussten also »meine« Mädchen sein, mit denen ich von nun an jeden Tag zusammen arbeiten würde. Ich lächelte ihnen zu und knetete mit den Fingern den Saum meiner Weste.

Wie auf ein stummes Kommando zückten plötzlich alle ein Kärtchen aus ihren Hosen- oder Rocktaschen und betrachteten es intensiv. Auch Frau Schmalberg hatte jetzt so ein Kärtchen in der Hand.

»Unser Tages-Credo ist Credo acht«, sagte sie und las dann von der Karte ab: »Wir achten und begrüßen jeden Gast, den wir sehen.« Sie schmetterte den Satz wie eine frohe Botschaft in den Raum und sah gespannt in die Runde.

Ich sah mich irritiert um. Was ist denn das, dachte ich erstaunt. Wo bin ich hier? Bei den Messdienern? In einem Mädcheninternat? Oder in einer Sekte, die auf den Weltuntergang wartet? Wir begrüßen jeden Gast, klar tun wir das, das machen doch alle im Hotel. Ich suchte die Blicke der Kolleginnen, um irgendjemanden zu finden, der das auch so merkwürdig fand wie ich und ein bisschen mit den Augen rollte. Aber ich sah niemanden. Die meinten das wirklich ernst.

Frau Schmalberg suchte jetzt nach einer Freiwilligen, die erklären sollte, was mit dem Tages-Credo gemeint ist. Was soll damit wohl schon gemeint sein, hätte ich gerne gefragt. Grüßen, das ist ziemlich eindeutig, oder? »Guten Tag« bietet sich da an, oder »Guten Morgen«, »Ey, Bruder, alles klar?« eher weniger. Hätte ich das sagen sollen? Natürlich nicht. Niemand sagte ein Wort. Mir schien, als würden alle die Luft anhalten, bemüht, durch keinen Atemzug Aufmerksamkeit auf sich zu ziehen.

Ich beugte mich zu einem der Zimmermädchen hinüber. »Was soll das?«, flüsterte ich ihr zu.

Das Mädchen kniff erschrocken die Augen zusammen und schüttelte den Kopf. Zu spät. Die Hausdame hatte ihr Opfer gefunden.

»Sandy, erklären Sie.«

Sandy gab sich einen Ruck.

»Also, das bedeutet, dass wir jeden Gast, den wir im Zimmer treffen oder auf dem Flur, auch grüßen, und wenn er was will, das dann auch machen.«

Betretenes Schweigen. Ich fühlte ein ungutes Zwicken im Zwerchfell. Hilfe, dachte ich, Hilfe, Hilfe, Hilfe, nicht lachen, nicht lachen.

Frau Schmalberg fand die Erklärung »ganz toll« und wiederholte den Satz noch einmal, nicht weniger salbungsvoll als beim ersten Mal.

»Wir achten und begrüßen jeden Gast, den wir sehen.« Ich hatte jetzt langsam Probleme mit dem Luftholen. Blut schoss mir in den Kopf, ich presste die Lippen zusammen, als wollte ich dazwischen eine Briefmarke bügeln, und kniff mit aller Kraft in den Westenzipfel. Es war vergebens. Das Lachen brach stoßweise aus mir heraus, gepresst, prustend. Frau Schmalberg und nun auch der Rest der Anwesenden starrten mich an, als hätte ich gerade das Weihwasser ausgetrunken.

»Geben Sie der Neuen ihre Credo-Karte. Warum hat sie noch keine?«

Das richtete sich an Frau Gabriel, die rote Flecken auf

den Wangen bekam. Es folgten noch zwei kleine Nachbeben, bis ich mich wieder im Griff hatte.

»Verlier das nie!«, Frau Gabriel sah mich durchdringend an, als sie mir meine ganz persönliche Credo-Karte in die Hand drückte.

»Wenn du überraschend danach gefragt wirst, ist es besser, du hast die Karte dabei.«

Ich nahm das Kärtchen und erschrak ein wenig. Ging hier wirklich jemand durchs Haus, um die Mitarbeiter nach der Credo-Karte zu fragen? Fünfzehn Sätze standen auf der Karte.

»Wir ehren und schätzen uns gegenseitig«, »Wir helfen uns in der Not« und noch dreizehn, die so ähnlich klangen.

Das Büro, das Frau Gabriel und allen anderen von unserer Fremdfirma zugewiesen war, war eher ein Schuhkarton als ein Zimmer. Mit viel gutem Willen passten vier Personen hinein, wenn zum guten Willen gehört, dass man auch auf der Tischkante sitzt.

Die Besprechung fand darum im selben Raum statt wie die große Runde, nur dass wir jetzt unter uns waren: Frau Gabriel, sechs Assistentinnen, ich würde die siebte sein, und fünfunddreißig Zimmermädchen, die wie ein Haufen Schulkinder zusammenstanden, Kaugummi kauten und in mir zum Teil unverständlichen Sprachen einen Schwatz hielten. Eine der Assistentinnen stellte sich mir als Nadine vor und lächelte mich an. Nadine hatte an ihrem makellosen Aussehen sehr sorgfältig gearbeitet: das Make-up war perfekt, die Augenbrauen penibel genau und gleichmäßig gezupft und die Haare leuchteten so golden, dass das unmöglich echt sein konnte. Sie sprach mit einem leichten Berliner Akzent und hatte ein ansteckendes Lachen. Ich dachte an Katja und Sara und wie lange es gedauert hatte, bis wir drei zueinander gefunden hatten. Nadine war von der leichter zu knackenden Sorte, jedenfalls machte sie keine Anstalten, mich als Neue erst mal leiden zu lassen, im Gegenteil. »Wir sehen uns dann wohl öfter hier«, sagte sie, und das gefiel mir.

Frau Gabriel und die Hausdamenassistentinnen teilten die Zugangskarten an die Mädchen aus, mit denen sie die zu reinigenden Zimmer betreten konnten. Die Karten waren codiert und nur für jeweils eine Etage gültig. Frau Gabriel und wir hatten eine Generalkarte. Die Extras gab Frau Gabriel mündlich weiter: »Allergiebettwäsche in die 304, Zustellbetten in 500, 510, 517 und 622, Kinderbett heute neu nur in 316 und 512, Hunde-Treatment in 608.« Hunde-Treatment? Im Central war es nicht erlaubt, seinen Köter mitzubringen, aber hier gab es eigens eine feine Decke und Fünf-Sterne-Trockenfutter. Später erzählte mir Nadine, dass es Stammkunden gibt, die darauf bestehen, dass ihre Hunde beim Check-in mit Namen begrüßt werden.

»Und in der 602 ist bis Freitag Herr Wagner«, sagte Frau Gabriel. Ein leises Raunen und Stöhnen ging durch die Reihen und Frau Gabriel hob entschuldigend die Arme. Herr Wagner, auf den durfte ich also gespannt sein.

Nadine lächelte mir zu und steckte beide Daumen in ihre Fäuste, als sie loszog. Ich würde den ersten Tag mit Frau Gabriel verbringen.

»Es gibt hier keine Putzwagen, das sieht nicht gut

aus«, erklärte sie mir. Wir durften also nicht, wie in anderen Hotels üblich, Rollwagen nutzen, auf denen wir Materialien und Putzzeug stapeln konnten. Stattdessen gab es Wäschekammern am Ende eines jeden Gangs. Sie wurden »Office« genannt. Schöner Name für einen Wäscheschrank, dachte ich. Aber ich war ja jetzt im Facility Management und zu einem Manager passte ein Office natürlich besser.

Schnell begann ich zu ahnen, dass das Putzen und Checken ohne Wagen vielleicht optisch die schönere Lösung war, aber für mich und die Mädchen ganz sicher auch die anstrengendere. Für jedes fehlende Handtuch musste man die langen, plüschigen Gänge auf und ab rennen, und weil niemand Zeit zu verschenken hatte, nahm man am besten gleich die Wäsche für fünf oder zehn Zimmer mit.

Die Flure im Royal ähnelten sich sehr, vielleicht zu sehr, sodass man auf jeder Etage eine andere Teppich- und Wandfarbe gewählt hatte. Anders als im Central waren die Flure hier breit und hell. Auf jedem Treppenabsatz standen Sesselchen, mit feinem Stoff in der Etagenfarbe bespannt, und selbst die Bilder in den Zimmern waren nicht ganz so scheußlich wie die im Central. Wir überprüften an diesem Tag zuerst die Clean-Zimmer. So heißen jene Zimmer, die in der Nacht zuvor nicht benutzt und schon vor einiger Zeit geputzt worden waren. Fernsehzeitung auf das richtige Datum drehen, ein kurzer Blick ins Bad, fertig. Eigentlich. Pech war, wenn für den Vorabend eine Anreise geplant war und der »Turn down« gemacht wurde: Abends wurden die Vorhänge zugezogen und die

Fußdeckchen vor dem Bett ausgebreitet, die Hausschuhe rausgelegt und die Tagesdecke verschwand im Schrank. Und dann waren doch keine Gäste gekommen.

Frau Gabriel fuhrwerkte mit einem lanzenähnlichen, mit Stoff bespannten Gegenstand in den Ecken herum. »Unser Staubschwert«, erklärte sie. »Das nimmst du ab morgen auch.«

Willkommen im Ritterorden der Sauberkeit, sagte ich zu mir selbst.

Als wir später vor der 602 standen, fiel mir Herr Wagner wieder ein.

»Was ist das für einer?«, fragte ich Frau Gabriel, als wir eintraten. Sie verzog das Gesicht.

»Der ist speziell«, sagte sie nur und ging zielstrebig in den Raum. Mein Blick fiel auf den Sessel. Er stand nicht wie in den anderen Zimmern auf derselben Höhe wie das Tischchen mit der Glasplatte, parallel zur Gardine und in angemessenem Abstand zu Bett und Schreibtisch, sondern war in Richtung Bett herumgedreht. Auf der Lehne saß ein Plüschtier, ein kleiner, graubrauner Spielzeughund, und guckte mit trüben Augen in Richtung Bett. »Das ist Floppy.« Frau Gabriel zuckte nicht mit der Wimper. »Herr Wagner will, dass wir ihn immer so hinsetzen, dass er das Bett im Blick hat. Und den Schlafanzug dürfen wir auch nicht vergessen«, sie wies auf das Bett. Darauf lag ein himmelblauer Schlafanzug, ordentlich gefaltet. »Der muss immer so daliegen.«

Mich fröstelte. Hoffentlich würde ich diesem Wagner nie alleine im Zimmer begegnen.

Ich war an meinem ersten Tag vierzehn Stunden ohne

Pause auf den Beinen. Als ich abends die Verbindungstür zu den Personalgängen aufschob, wurde ich zurückgerufen.

»Wo kommst du eigentlich her?«

Eine messerscharfe Stimme in meinem Rücken ließ mich herumfahren. Vor mir stand ein Mann Ende dreißig, der seine braunen Locken mit auffällig viel Gel an den Kopf geklebt hatte. Ich hatte ihn mittags schon gesehen, als er nach uns ins Büro von Frau Schmalberg ging. Er hob jetzt beide wohlgeformten Augenbrauen vorwurfsvoll in die Höhe und sah mich an, als habe er ein neues, seltenes Insekt entdeckt.

»Äh, aus Berlin.«

Er lachte schallend, als hätte ich gerade einen großartigen Witz gemacht. Ich versuchte wenigstens mitzulächeln.

»Ich meinte, wo du gelernt hast? Du hast doch irgendwo gelernt, oder nicht?«

Ich hatte keine Lust, besonders freundlich darauf zu antworten, also sagte ich nur »Im Central«, was für meinen ersten Arbeitstag ein bisschen mutig war, immerhin war er ein Vorgesetzter, daran konnte kein Zweifel bestehen, auch wenn er sich mir nicht vorgestellt hatte.

Sein Gesicht verzog sich, als habe er auf einen Kirschkern gebissen.

»Im Central«, wiederholte er. »Drei Sterne.«

Er spuckte mir den Kern vor die Füße.

»Drei Sterne«, wiederholte er noch zwei Mal leise, nachdem er mich schon hatte stehen lassen, und schlenderte davon.

Geht aufs Zimmer

In meiner neuen Umgebung fiel mir zuerst auf, dass ich niemandem mehr auffiel. Es passierte gleich am zweiten Tag: Ich schlenkerte mein Staubschwert auf dem Gang, bereit, jedes, aber auch wirklich jedes vergessene Staubkorn persönlich zu erwischen, und fühlte mich ein bisschen wie eine Comic-Heldin auf der Jagd nach dem fiesen Gangster. Aus einem der Zimmer trat ein Mann, Mitte dreißig, hellgrauer Anzug, BlackBerry einsatzbereit, und machte sich auf den Weg in Richtung Fahrstuhl. Ich grüßte ihn und hätte ihn sicher gleich wieder vergessen, wenn nicht etwas Seltsames geschehen wäre. Er musste meinen Gruß gehört haben, denn er schaute nicht nur in meine Richtung, er schaute mich direkt an. Er starrte förmlich in mein Gesicht, aber er sah dort offenbar nichts, denn aus seinem Mund kam kein Gruß zurück. Er murmelte nicht einmal etwas, was man mit viel gutem Willen noch als Gruß hätte interpretieren können. Er nickte mir auch nicht zu.

Es war, als sei ich gar nicht da. Es war, als sei meine Kleidung ein Tarnanzug, durch nichts zu unterscheiden von dem Muster der Tapeten und Teppiche. Zwar trug ich nicht den Kittel der Zimmermädchen, der sie für jedermann sichtbar auf das Niedrigste reduzierte, was ein Hotel zu bieten hatte, aber wer mich mit meinen Laken, Ersatzhandtüchern und Duschgelfläschchen auf den Gängen sah, wusste auch, was für einen Job ich hatte.

Vielleicht war mir etwas Ähnliches schon mal im Central passiert. Dass Gäste zu sehr mit sich beschäftigt sind, um auf jeden Gruß zu reagieren, mag ja sein, und auch sonst gibt es ja überall, sogar in Berlin, Menschen, die nicht in jeder Sekunde ihres Lebens durch Freundlichkeit auffallen. Aber es war ganz sicher das erste Mal, dass mir jemand so direkt gegenüberstand und mich trotzdem nicht sah. Der Mann war mir ja fast in die Arme gelaufen. Als ich grüßte, waren wir ungefähr einen oder anderthalb Meter voneinander entfernt.

Hatte er mich vielleicht wirklich nicht gesehen? Die Flure waren jedenfalls hell ausgeleuchtet, auch schon am frühen Morgen. Oder hatte er mich nicht gehört? Unwahrscheinlich: Ich war neu und hatte mir tatsächlich fest vorgenommen, laut und deutlich und freundlich zu grüßen, Credo-Karten-Unsinn hin oder her.

Kurz war ich versucht, dem Gast hinterherzulaufen, ihn zu stellen und zu fragen, warum er nicht grüßt. Doch da kam mir in den Sinn: Vielleicht ist er ja taubstumm? Doch, doch, sagte ich mir, auch junge, smarte Anzugmänner, die morgens um sieben in Fünf-Sterne-Hotels zum Frühstück eilen, können taubstumm sein, warum denn nicht?

Etwas verloren blieb ich im Flur zurück, meine Lanze im Kampf gegen den Missetäter verwandelte sich zurück in das, was sie war, ein stoffbespannter Stiel zum Staubwischen.

Der zweite Nichtgrüßer begegnete mir schon eine halbe Stunde später, und es kamen an meinem zweiten Tag noch ein dritter, ein vierter und ein fünfter hinzu, danach hörte ich auf zu zählen. Es war faszinierend und verstörend zugleich.

Das Vortages-Credo hätte noch einen Zusatz verdient. »Wir achten und begrüßen jeden Gast, den wir sehen. Wir grüßen immer, auch dann, wenn es uns schwer fällt, weil wir schon ahnen, dass der Gast, der da an uns vorbeihastet, in seiner grenzenlosen Wichtigkeit gar keine Lust hat zurückzugrüßen, und vielleicht sogar, indem er uns nicht grüßt, irgendeinen Ärger, den ihm sein Job, sein wichtiger Job, gerade macht, abreagiert.«

Ich fragte Nadine, wie sie es mit den Nichtgrüßern hält. »Ach«, sagte sie, »vergiss die. Wenn du putzt, wirst du halt nicht gegrüßt. So ticken die.«

»Aber warum? Die sehen uns doch.«

»Natürlich sehen die uns. Aber sie sind daran gewöhnt, dass andere um sie herum den Dreck wegmachen. Wer uns nicht mehr zu sehen braucht, der hat's geschafft. Wir sind eine anonyme Masse, die einen Zweck erfüllt. Fertig.« Sie zuckte mit den Schultern.

Zum ersten Mal, seit ich im Hotel arbeitete, empfand ich ein Gefühl für Oben und Unten. Die Gäste hier waren so weit oben, dass sie uns da unten gar nicht mehr sahen. Wir waren im toten Winkel.

»Du bist zu empfindlich«, tadelte mich Sara, als ich ihr davon erzählte. »Kann uns doch schnuppe sein.«

Bald war klar, dass ich Nachhilfe von ihr brauchen würde: Schnuppe-sein-Lassen für Anfänger. Denn auch die Hotelangestellten – also eigentlich meine Kollegen – waren vom Virus des Nichtgrüßens befallen. Sie mussten sich bei den Gästen irgendwie angesteckt haben. Der hauseigene Zimmerservice rang sich meist noch ein Hallo ab. Aber wer zur Rezeption oder gar zum Marketing gehörte, schaffte es spielend, uns vollständig zu ignorieren.

Das kannte ich noch von der Berufsschule: Die Angestellten in Nobelhotels fühlen sich irgendwann selbst nobel. Am schlimmsten sind die Concierges. Es steigt ihnen zu Kopf, dass sie so viel Macht haben und Dinge über die Gäste wissen, die sonst niemand wissen darf. Sie besorgen den Prominenten die Friseurtermine, organisieren Karten für ausverkaufte Opernvorführungen, wissen immer, wo man einen guten Tisch zum Abendessen bekommen kann und was die Prostituierten pro Stunde kosten.

In der Sterneskala war ich ganz oben angekommen. Ich arbeitete in einem der teuersten Hotels der Hauptstadt, mitten im Zentrum Berlins, die Nacht kostete dreihundert Euro und mehr. Hier übernachteten Menschen, die in einem Jahr so viel Geld verdienten wie ich vielleicht im ganzen Leben nicht. Ich wischte täglich über Marmor und streichelte Seide. Ich war umgeben von goldenen Bilderrahmen mit echten Kunstwerken darin und von teuren Teppichen, die nur in eine Richtung gesaugt werden durften. Zugleich war ich im Kastenwesen der Nobelhotellerie in der untersten Kaste angekommen. Ich war für alle irgend so eine »Fremdputze«. So sprach man über uns, wenn man glaubte, wir hörten es nicht. Selbst die Praktikanten des Hotels, die für kein oder fast kein Geld monatelang schufteten, wollten mit uns nicht mal eine Zigarette rauchen gehen.

Als ich an meinem zweiten Tag eine Mittagspause machen wollte, fragte ich Nadine, wo die Kantine sei und ob sie nicht schnell mit mir hingehen wolle. Nadine erklärte mir zwar den Weg, fügte dann aber hinzu: »Wir gehen da nicht hin.«

Ich war irritiert. »Ich würde wirklich gerne Pause machen.«

»Dort willst du keine Pause machen.« In der Kantine, so erklärte sie mir, waren wir von Plan-FF nicht erwünscht. Es wäre auch finanziell nicht attraktiv gewesen, dort zu essen: Die Festangestellten zahlten in der Kantine nichts für ihr Essen, wir Externen hingegen schon. Wir mussten ungefähr fünf Euro für eine Mahlzeit ausgeben, die natürlich nichts mit der hoteleigenen Sterneküche gemein hatte, sondern in schöner Regelmäßigkeit nur halb warme Königsberger Klopse hervorbrachte. Für fünf Euro mussten die Zimmermädchen zwei Stunden putzen.

»Niemand von uns geht dorthin«, stellte Nadine klar, als ginge es ihr darum, eine Ehrenregel des heiligen Ordens der Zimmermädchen zu untermauern, gegen die zu verstoßen mit mehreren Jahren Kerkerhaft bestraft würde.

Auch im Royal würden also eine gelegentliche Rauchpause und ein mitgebrachter Apfel eine warme Mahlzeit ersetzen. Ich hatte schon im Central nicht eben zugenommen, aber im Royal war ich bald dünn wie ein Faden.

Nadine nutzte die Pausen, um mit den Wäschefahrern

einer anderen Fremdfirma zu flirten, die die Offices mit frischer Ware versorgten. Ein-, zweimal habe ich mich auch dazugesellt und mitgeflirtet, aber es war mir dann doch ein bisschen zu albern.

»Ist doch nett«, sagte Nadine, »so holt man sich jeden Tag ein paar Komplimente ab.«

Sieben oder acht Zimmermädchen unserer Firma arbeiteten pro Etage. Sie kamen aus China, Polen und aus kleinen, ehemals sowjetischen Teilrepubliken, deren Namen ich mir nie merken konnte. Es waren zwei darunter, die sich mit fünfundfünfzig krumm schufteten, alle anderen waren deutlich jünger. Es gab Mädchen ohne Ausbildung und Analphabetinnen, die es nicht schafften, die Fernsehzeitung auf das richtige Datum zu blättern. Frau Gabriel erklärte mir, dass man sie alle nie zu zweit zum Putzen einteilen durfte – dann hätten sie zu viele Schwätzchen gehalten statt Toiletten zu wischen.

»Bei Valentina musst du aufpassen«, riet sie mir. »Die macht ein Zimmer in zwanzig Minuten.«

Niemand schafft es normalerweise, ein Fünfundzwanzig-Quadratmeter-Zimmer in zwanzig Minuten von allen Haaren, Papieren, Essensresten, versteckten Krümeln und offensichtlichen Sauereien zu befreien, die brettharten Laken neu aufzuziehen und jeden, wirklich jeden Wasserfleck im Bad zu entfernen.

Ich wusste natürlich, wie Valentina zu diesem Rekord getrieben wurde: Für ein Zimmer zahlte ihr die Fremdfirma zwei Euro und einundfünfzig. Valentina, die drei Zimmer – und niemand wusste genau, wie – in einer Stunde schaffte, verdiente also rund sieben Euro fünfzig brutto.

Und machte sich mit diesem Tempo und Verdienst so verdächtig wie ein Radrennfahrer bei der Tour de France, der eine Bergetappe nach der anderen gewinnt.

Als Assistentin der Hausdame kontrollierte ich die Arbeit der Zimmermädchen und verlieh den Zimmern den letzten Schliff, war also dafür zuständig, dass das Zimmer so perfekt aussah, als habe noch nie zuvor jemand einen Fuß über die Schwelle gesetzt.

Von der Schönheit der Zimmer im Royal war ich nie erschlagen, nicht einmal besonders beeindruckt, auch wenn ich noch nie zuvor ein Fünf-Sterne-Zimmer von innen gesehen hatte. Als ich hinter Frau Gabriel mein erstes Zimmer betrat, dachte ich nur: »Jetzt wird es richtig anstrengend.«

Im Zimmer gab es tausend Ecken und Winkel und nicht weniger Vorschriften, wie alles auszusehen hatte. Wer dreihundert Euro für eine Übernachtung bezahlt, ist wahrscheinlich strenger als jemand, der nur achtzig zahlt, dachte ich. Wahrscheinlich will so jemand den ganzen Schnickschnack wirklich haben. Und dieser Schnickschnack war jetzt mein Job.

Mein Zimmercheck begann im Badezimmer: Ist das erste Blatt des Toilettenpapiers auch exakt gefaltet? Sind die Zahnputzgläser richtig poliert? Ist die Toilette auch unter den Rändern sauber? Sind die Handtücher so aufgehängt, dass der Gast die geschlossene Seite sieht und nicht die offene, wenn er aus der Dusche steigt? Stehen Duschgel, Shampoo, Seife, Nagelfeilen- und Duschhaubenschachtel so, wie sie sollen, um einen Waschlappen herum? Sind nirgendwo Wasserflecken im Bad? Hängen im Schrank auch wirklich zwanzig Kleiderbügel? Und davon zehn nach links und zehn nach rechts? Liegen die beiden Bademäntel exakt auf Kante? Liegt die Wäscheliste parallel zum Einlegeboden? Und ist nirgendwo Staub? Das vor allem nicht: Staub! Steht der Fernseher auf Stand-by? Liegt die Mappe mit Briefpapier und Briefumschlägen parallel zum Schreibtisch? Und ebenso parallel der Stift? Zeigt der Aufdruck des Kugelschreibers wirklich nach oben? Haben Mappe und Stift den gleichen Abstand zur Tischkante? Liegen die sechs verschiedenen Zeitschriften exakt als Fächer auf dem Lounge-Tisch? Sind die Falten, die die Vorhänge werfen, alle gleich groß? Schlägt die Tagesdecke keine Falten?

Vor allem: Steht der Schreibtischstuhl exakt im Fünfundvierzig-Grad-Winkel zur Eingangstür? Das musste sein, damit der Gast das Gefühl bekam, dass er sich gleich hinsetzen konnte. Damit das mit den fünfundvierzig Grad auch funktionierte, diente das Teppichmuster zur Orientierung: Standen die beiden diagonal gegenüberliegenden Stuhlbeine exakt auf der Teppichmusterlinie, welche parallel zur Zimmerwand verlief, hatte man alles richtig gemacht.

Alleine die Tagesdecke glatt zu streichen, konnte einen um den Verstand bringen. Die Decken im Royal waren zwar hübsch anzusehen und sicher aus irgendeinem feinen Stoff hergestellt – nur leider wogen sie pro Stück ein paar Kilo. Was sinnvoll war, da sie sonst niemals wirklich gerade auf dem Bett gelegen hätten, so gerade, dass man darunter ein Brett vermutet hätte und nicht zwei Daunendecken. Aber leider dauerte es manchmal eine halbe Ewigkeit, bis die gewünschte Glätte hergestellt war: War links ein Buckel zu sehen, musste die Decke wieder runter, dann musste man die linke Bettdecke ein bisschen runterdrücken – Tagesdecke wieder drauf. Und dann war grundsätzlich rechts ein Buckel aufgetaucht – das Spielchen wiederholte sich vier oder fünf Mal.

Aber einfach nichts tun, eine Beule übersehen, einen eingedrückten Kissenzipfel nicht hochziehen? Das ging natürlich nicht. Ich fing an, jede schiefe Tagesdecke, jedes falsch gefaltete Handtuch persönlich zu nehmen – was sicher absolut im Sinne meiner Chefs gewesen ist. Der Job forderte, dass man penibel wird, und wenn man nicht irgendwann penibel ist, ergibt der Job keinen Sinn.

War der Kampf mit der Tagesdecke gewonnen, meistens der letzte Kampf in einem Zimmer, war das auch: ein Triumph.

Im Central brauchte ich für einen Zimmer-Check oft nur zehn Minuten, hier dauerte er nicht selten eine halbe Stunde. Wenn das Zimmer für einen VIP gebucht war, einen Geschäftsmann von großer Wichtigkeit, eine Schauspielerin oder einen Fernsehmoderator, verbrachte ich manchmal sogar eine Stunde auf allen vieren, um auch das letzte Staubkorn noch zu erwischen. Ich wusste ja, dass die VIP-Zimmer noch einmal nachkontrolliert wurden. Nachkontrolliert von Frau Schmalberg oder dem Gegelten, der mir mit meiner dreisternigen Ausbildung ohnehin nichts zutraute. Da wollte ich mir keinen Fehler erlauben. Am Ende sah tatsächlich immer alles perfekt aus.

Wobei diese Perfektion durchaus relativ war. Ja, das

Waschbecken sah gut aus. Aber wer kann es einem Zimmermädchen schon verdenken, dass es die Klobrille zuvor mit demselben Tuch geputzt hat? Ich jedenfalls nicht. Im Royal gab es für jedes Zimmermädchen morgens frische Lappen, aber wer einmal mit vier verschiedenen Putztüchern versucht hat, ein Bad zu reinigen, wird wissen, wie lästig das ist. Und die Zahnputzgläser: natürlich auch derselbe Lappen. Oder auch keiner der Lappen, sondern die gebrauchten Handtücher, die der Gast auf dem Boden zurückgelassen hat. Das spart Zeit – und Zeit sparen geht Zimmermädchen über alles. Die Gläser aus der Minibar teilten das Schicksal ihrer Kollegen im Bad. Weil dieses Geschirr nicht in der Küche gereinigt wurde, sondern direkt im Zimmer, im Waschbecken, wurden auch diese Gläser mit dem Allzwecklappen ausgewischt. Privat habe ich niemals wieder ein Zahnputzglas oder ein Glas aus der Minibar benutzt, wenn ich unterwegs war. Und im Gepäck habe ich immer ein kleines Desinfektionsspray.

Was mich in den Zimmern, aus denen gerade erst die Gäste abgereist waren, zuerst überraschte, waren die Einkaufstüten. Unmengen von Einkaufstüten und Schachteln, die die weiblichen Gäste mitgebracht hatten und quer in den Zimmern verteilten: leere Tüten und Schachteln von Hermès, Gucci, Prada, Escada – die ganze Sex-and-the-City-Palette, achtlos durchs Zimmer geworfene Überreste ihrer Beutezüge durch die Boutiquen.

Hat mal jemand untersucht, wie hoch die Quote der arbeitenden Ehefrauen bei den fünf Prozent der reichsten Leute der Welt ist? Allzu hoch kann sie nicht sein.

Zumindest sahen die mitreisenden Frauen oft nicht so

aus, als müssten sie mit ihren perfekten Fingernägeln in die Tasten hauen oder auch nur mal zu Edeka gehen. Sie brachten Pelze und teure Taschen mit ins Hotel und verließen es nicht selten mit doppelt so vielen Pelzen und teuren Taschen.

Ich war oft versucht, mir eine dieser wunderschönen Einkaufstüten einfach mitzunehmen, weil sie selber schon edel und teuer aussahen. Würde ich mir je eines dieser Halstücher aus Seide von Hermès kaufen, ich bin mir sicher, ich würde nicht nur das Tuch, sondern auch die Schachtel und die Tüte hüten wie einen Schatz. Sie bekämen wahrscheinlich einen Ehrenplatz in meiner Kommode. Das Tuch läge dort in der Schachtel, und jedes Mal, wenn ich das Tuch tragen würde, würde ich es aus der Schachtel nehmen, als packte ich ein Geschenk zum allerersten Mal aus.

Die Tüten und Schachteln in den Zimmern waren ein trauriges Bild. Sie erschienen mir wie Mahnmale, die daran erinnerten, dass aller Reichtum doch nicht glücklich macht. Wie musste es wohl sein, wenn man ein Kleid für ein paar tausend Euro kauft, und zu dem Kleid ein zweites und ein drittes noch am selben Tag, und am Ende des Tages stopft man diese Kleider in einen Koffer, vergisst womöglich, wo man welches gekauft hat, vergisst es vielleicht bald im Kleiderschrank oder auch unter einem Hotelbett (das kam vor), weil man so viele hat und sich ständig neue kauft. Ob man sich dann überhaupt noch freuen kann?

Mein Vater hatte mir mal von einer Untersuchung erzählt, von der er in der Zeitung gelesen hatte. Damit der Mensch etwas als besonders gut und luxuriös empfindet, muss es doppelt so teuer sein wie das, was er normalerweise konsumiert, zum Beispiel ein Abendessen im Restaurant. Gibt er normalerweise, so wie ich, nicht mehr als fünfzehn Euro dafür aus, sagt er sich bei einem Essen für dreißig Euro: Das war heute aber was ganz Besonderes. Wenn er reicher wird und sich regelmäßig das Dreißig-Euro-Essen leisten kann, gewöhnt er sich daran und denkt erst bei einem Sechzig-Euro-Essen wieder: Das war aber heute etwas ganz Besonderes. In drei weiteren Schritten ist man bei einem Vierhundertachtzig-Euro-Essen angekommen und man kann um die halbe Welt fliegen, es gibt kein besseres Essen mehr. Das muss, dachte ich mir, ein trauriger Augenblick sein.

Am Ende stopfte ich die leeren Einkaufstaschen in den Müll oder überließ sie den Zimmermädchen, die sie gerne mit nach Hause nahmen – und beim Verlassen des Hotels, mit einem Gucci-Tütchen am Handgelenk, nicht von unseren Gästen zu unterscheiden waren.

Manchmal erwischte ich die Zimmermädchen bei einer Art von Diebstahl, den man geradezu riechen konnte. Natürlich durften wir die Sachen der Gäste nicht weiter anfassen – besonders bei Schmuck oder Geräten wie Laptop und Fotoapparat hieß es vorsichtig sein, nicht dass am Ende noch eine von uns dafür verantwortlich gemacht wurde, wenn irgendwo eine Linse kaputt war oder der Laptop zu viel Sonne abbekommen hatte.

Es kam aber vor, dass die Mädchen manchmal ganz besonders gut dufteten. Dann hatten sie sich einen Spritzer Parfum aus dem Vorrat der Gäste gegönnt. Ich weiß schon: Wenn das alle machen würden! Ja, wenn das alle machen würden, wären die Fläschchen nach ein paar Hotelbesuchen leer. Moralisch war das also nicht in Ordnung. Aber ich konnte verstehen, dass die Zimmermädchen etwas vom Parfum abhaben wollten.

Es war dann immer schön zu sehen, wenn sie, plötzlich nach Chanel N° 5 riechend, ausnahmsweise pfeifend die Betten machten.

Der Saubermann

Laura hieß das Zimmermädchen, das von allen am erfolgreichsten darin war, mir das Leben schwer zu machen. Als eine der wenigen war sie fest im Hotel angestellt, und weil sie fest angestellt war, wusste sie, dass ich mich nicht ernsthaft über sie beschweren konnte, wenn sie schlecht putzte. Also putzte sie schlecht, so schlecht, dass ich alle ihre Zimmer noch einmal nachputzen musste. Wobei das die Sache nicht trifft: Nachputzen hätte ja bedeutet, dass sie vorher schon mal geputzt haben musste. Aber das tat sie nicht. Sie überließ mir nicht das Nachputzen, sondern in weiten Teilen das Hauptputzen. Kurz: Laura war eine Katastrophe.

Als ich sie darauf ansprach, sagte sie, es sei doch alles fein gewesen und drückte sich an mir vorbei. Die nächsten Male, als ich sie sah, grinste sie mich nur an. Sagte ich bereits, dass es eine Katastrophe mit ihr war?

Ich sprach mit Frau Gabriel über Laura. Sie sagte, sie könne ihr auch keine Vorschriften machen. Sie riet mir davon ab, damit zu Frau Schmalberg zu gehen: »Geh nicht zum Fürsten, wenn du nicht gerufen wirst«, sagte sie, und ich hielt mich daran.

Die einzelnen Abteilungen eines Hotels, der Service,

die Küche, der Empfang, das Housekeeping, sie gehen alle wenig pfleglich miteinander um. Der Tonfall untereinander ist rau, ständig wird gemotzt und gebrüllt. Wir Externen bildeten in diesem Spiel den kleinsten gemeinsamen Nenner: Wir gingen wirklich gar nicht, und zwar für alle gleich gar nicht, und wenn irgendwo ein Problem auftrat, das nur entfernt mit den Zimmern zu tun hatte, war klar, dass das externe Housekeeping mal wieder versagt hatte.

Roland Elbracht, so hieß der Gegelte, der mir am ersten Tag aufgelauert hatte, ging ein besonders schlimmer Ruf voraus. Er war eigentlich nur ein Kollege von Frau Schmalberg, aber vielleicht weil er ein Mann war, glaubte er, sich immer auch ein bisschen wie ihr Chef verhalten zu müssen. Keinesfalls wäre es eine gute Idee gewesen, Lauras Zimmer dem Gast zu überlassen, ohne nachzuputzen. Ich wusste ja, dass Elbracht sie kontrollieren würde. Er hatte sich angewöhnt, meine Zimmer besonders häufig zu kontrollieren. Warum? Vielleicht fand er mich nicht unterwürfig genug, vielleicht wollte er mir auch nur beweisen, dass eine Drei-Sterne-Frau tatsächlich nichts kann.

Wenn er nach einem Fehler suchte, fand er auch einen, auch dann, wenn es gar keinen Fehler gab. Notfalls sorgte er selbst für einen. Ich konnte ihm natürlich nicht nachweisen, dass er es war, der das Kissen falsch zurechtgeknickt oder die Fernbedienung wieder unter die Zeitschriften geschoben hatte. Aber ich war mir ziemlich sicher.

Ich war in Zimmer 570, als Valentina angerannt kam.

»Du musst kommen, in die 627, schnell!« Ich versuchte, nicht von der Kofferbank zu kippen, auf die ich mit meinem engen Rock geklettert war – es ging nur, indem man den Rock bis zum Hintern hochschob. Ich betete dabei, dass mich nie ein Gast so antreffen würde.

Elbracht stand in der 627, einem Zimmer, das ich erst vor einer halben Stunde gecheckt hatte. Es war tadellos sauber, dieses Zimmer, als ich es verlassen hatte.

Jetzt aber beugte sich Elbracht im Badezimmer mit seinem schon bekannten Insektenforscherblick über das Waschbecken, als habe er gerade eine neue Marienkäferart entdeckt. Aber er schaute nicht nach einem Tier (ein totes Tier wäre in der Tat ein Problem für mich gewesen, auch wenn ich natürlich immer noch hätte sagen können, dass es erst vor wenigen Minuten hier verendet sein musste). Er beugte sich über ein dunkelbraunes, ziemlich lockiges Haar, das im Waschbecken lag. Elbracht wies mit verächtlich bebender Unterlippe auf das Innere des Beckens. Ich hatte das Haar natürlich sofort gesehen, auch ohne dass ich mich so übertrieben hinabbeugte wie er.

Es lag also ein Haar im Waschbecken von Zimmer 627. Sollte man nicht sofort die Polizei rufen, dachte ich, und die ganze Etage sperren lassen, am besten vielleicht sogar Berlin evakuieren? Natürlich: Ein übersehenes Haar im Waschbecken ist neben einer ungeputzten Toilette das Allerschlimmste, was einem Zimmermädchen passieren kann. Kein Gast soll Spuren des Vorgängers finden, schon gar nicht im Badezimmer, wo die glänzenden Oberflächen Hygiene und Sauberkeit suggerieren sollen. Und weil alle immer besonders kritisch nach Wanne und Waschbecken gucken, übersehen Zimmermädchen auch keine Haare im Waschbecken, auch nicht, wenn sie blond und dünn und nur fünf Millimeter lang sind. Aber dieses Haar war braun, gelockt und mindestens sechs Zentimeter lang. Ein solches Haar in einem schneeweißen Porzellanwaschbecken zu übersehen war so schwierig wie als Insektenforscher eine Hornisse zu übersehen.

Ein Haar im Waschbecken zu hinterlassen ist ungefähr genauso unsinnig wie sich als Mörder hinterm Vorhang zu verstecken, wenn die Polizei kommt. Elbracht guckte tatsächlich ein bisschen wie einer dieser Kriminalkommissare im Fernsehen, der eine halb verweste Leiche entdeckt hat. Finster und, trotz aller Routine, angewidert.

Wenn es nicht so traurig gewesen und mir nicht vor Schreck der Schweiß den Rücken hinabgelaufen wäre, ich hätte lachen müssen. Dass dieses Haar vor einer halben Stunde noch nicht hier gelegen hat, ich hätte dafür mein heiliges Zimmermädchen-Ehrenwort gegeben. Sowohl er als auch ich wusste, dass es ausgeschlossen war, dass ich so blind und unordentlich meine Arbeit machte. Aber ich wusste auch: Das Ganze konnte meinen Rauswurf zur Folge haben, vor allem dann, wenn ich lachte.

Zu meinem eigenen Verdruss hörte ich mich stattdessen stotternd sagen: »Also, das kann nicht sein, das Haar, das kann gar nicht, ich meine, ich weiß es ganz genau, dass das eben ... Also, ich hätte ...«

Je länger ich stotterte, umso mehr näherte sich meine gefühlte Größe der einer Stubenfliege. Elbracht genoss diesen Moment. Ich glaube, ich habe ihn in der ganzen

Zeit im Hotel nie glücklicher und zufriedener gesehen als eben jetzt. Er verschränkte die Arme, seine Augen glänzten, und es hätte mich nicht gewundert, wenn er als Nächstes eine Lupe, oder besser: ein Mikroskop, aus seiner Tasche gezogen hätte, um sich über mich zu beugen.

Es war klar, woher dieses Haar stammte. Es hatte die richtige Länge, die richtige Dicke und die richtige Farbe. Es musste ein Haar von ihm selbst gewesen sein.

Schmierlappen Elbracht begnügte sich nicht damit, seinen Sieg still zu genießen. Als er merkte, dass von mir kein Widerstand kam, holte er tief Luft, blies sich förmlich auf und teilte mir mit, dass dies das Allerletzte sei. Und dass ihm dergleichen noch nie untergekommen sei. Das sagte er in ungefähr siebzehn verschiedenen Formulierungen. Zweimal dachte ich, er sei endlich fertig, aber dann begann er doch wieder von vorne.

Zum Abschluss des Schauspiels musste ich einen Lappen holen und das Haar, dieses schreckliche Ding, vor seinen Augen wegwischen. Am liebsten hätte ich es ihm wieder in seine Gelfrisur gedrückt.

»Es tut mir leid«, sagte ich.

»Ich merke alles«, rief mir Elbracht noch hinterher, als ich zu meiner Kofferbank zurückkehrte.

Vielleicht, dachte ich, ist das ja so ein Ritual, das alle Neuen über sich ergehen lassen müssen. Einmal das Haar des Elbracht entsorgen, bitte. Aber als ich Nadine danach fragte, konnte sie sich an keinen vergleichbaren Fall erinnern. Außerdem sprach gegen die These vom Begrüßungsritual, dass Elbracht das Schauspiel noch ein paar Mal mit mir wiederholte. Da schrie er zwar nicht mehr ganz so lange herum, aber dafür drohte er beim zweiten Mal, mich beim nächsten Mal einfach rauszuwerfen. Und als er mich beim nächsten Mal rufen ließ, diesmal lag das Haar originellerweise in der Badewanne, schrie er, dass es nur seiner Großmut zu verdanken sei, dass er mir noch eine Chance gebe, eine allerletzte wohlgemerkt.

Aus irgendeinem Grund hat im Hotel eine Obrigkeitshörigkeit überlebt, wie sie in den meisten zivilen Berufen seit mehreren Generationen ausgestorben ist. Dass es im OP-Saal hierarchisch zugeht, kann ich ja verstehen. Es können nicht alle operieren und von der schnellen Entscheidung eines Arztes kann ein Menschenleben abhängen. Beim Militär mag das genauso sein. Aber im Hotel? Hier stirbt niemand, jedenfalls kommt es nicht allzu oft vor. Hier haben die starren Hierarchien überdauert, konserviert seit der Belle Époque, der Blütezeit der Grandhotels, ganz so, als hätte es die Frauenbewegung und die Einführung gewisser Arbeitnehmerrechte nie gegeben. In manchen klassischen Hotels sieht es ja auch noch aus wie 1914. Den meisten Vorgesetzten gefiel der hierarchische Stil. Vielleicht sind sie deshalb überhaupt erst ins Hotel gegangen, so wie manche, die auf das Oben und Unten stehen, beim Militär landen. Manchen Gästen gefällt es sicher auch. Sie lieben es, dass es dieses Oben und Unten gibt. Weil sie ja oben sind.

Ein paar Abende nach dem letzten Haarfund saßen Nadine und ich nach der Schicht noch kurz in unserer Abstellkammer zusammen. Nadine pellte eine Apfelsine und erzählte von einer Freundin. Die arbeitete in einem Vier-Sterne-Haus, das nebenbei auch regelmäßig das Catering für Großveranstaltungen ausrichtete. »Sie musste an Silvester die Platten fürs Buffet mit ihrem Wagen durch die ganze Stadt fahren, weil der Chef keinen Führerschein mehr hatte und der Koch schon ordentlich betrunken war. Mit einem Kleinwagen voller Lachs und Gemüsedips quer durch die Stadt! Sie ist acht Mal hin- und hergefahren, bis das Zeug alles drüben war – und die haben ihr Essen natürlich viel zu spät bekommen. Sie hat nicht mal Benzingeld gekriegt.« Sie tippte sich an die Stirn.

Ich war froh, dass ich Nadine hatte. So resolut sie ihre Arbeit erledigte, so entschieden riet sie mir, mich von Elbracht nur ja nicht unterkriegen zu lassen. Sie tippte sich schon wieder an die Stirn, wobei ich mich mal wieder fragte, wie man mit so langen Fingernägeln überhaupt arbeiten konnte.

Es war schon fast zehn Uhr abends, höchste Zeit also, endlich zu gehen, aber wie so oft fehlte uns schlicht die Kraft, beschwingt nach Hause zu laufen, um noch etwas zu unternehmen.

Weil der Raum so klein war, dass nicht mal ein Mülleimer hineinpasste, brachte Nadine den Müll in die Wäschekammer nebenan. Plötzlich wurde es dort laut. Ich hörte Nadine schimpfen, das Berlinerische war nun nicht mehr zu überhören, und eine hohe männliche Stimme quiekte etwas zurück. Ich sah nach und entdeckte Nadine in der hinteren Ecke des Wäscheraums, wo sie sich breitbeinig vor einem Auszubildenden aufgebaut hatte.

»Guck dir den kleinen Scheißer an«, rief sie aufgeregt und stemmte beide Arme in die Hüften. Der Azubi war höchstens neunzehn, erschreckend dünn und hohlwangig. »Ey, jetzt reg dich nicht so auf«, er hatte eine Stimme wie ein Mädchen. »Der hat uns belauscht!«

Der Dünne schüttelte den Kopf. »Schwachsinn. Ich hab was gesucht.«

Nadine schnaubte. Sie hatte ihn beim Müllwegwerfen entdeckt. Er stand hinten in der Ecke und presste sein Ohr an die Lüftung, die den Wäscheraum mit unserer Kammer verband. Im Dunkeln. Er trollte sich schließlich und zeigte sich von unserer Wut nicht sonderlich beeindruckt.

Wir waren uns sicher, dass es Elbracht war, der ihn zu uns geschickt hatte. Was erwartete Elbracht, bei uns zu hören? Lästereien über sich selbst? Damit hätten wir in der Tat Abende füllen können, aber weil es so offensichtlich war, dass der Mann ein missgünstiges Aas war, verbrachten wir nicht allzu viel Zeit damit, uns dessen zu versichern.

Um zu wissen, was vor allem ich von ihm halte, hätte er, wenn er wenigstens ein bisschen Grips unter seiner gegelten Haarpracht gehabt hätte, nicht eigens einen Spitzel beauftragen müssen. Mir tat der Junge leid.

Fundsachen

Nach ungefähr drei Wochen hatte ich mich an die Dildos gewöhnt. Mein erster, ich fand ihn schon nach ein paar Tagen, war ein dunkelblauer Delfin und steckte in der Ritze zwischen den Matratzen. Nadine machte sich lustig über mich, weil ich das Teil auf keinen Fall anfassen wollte. Schneller als ich gucken konnte, hatte sie den Delfin in eine Tüte gepackt und vor die Tür gelegt. Wir mussten alle Fundsachen aufbewahren für den Fall, dass die Gäste sie zurückhaben wollten.

Mag sein, dass ein Hotelaufenthalt die Menschen zu erhöhter sexueller Aktivität verleitet. Dass Hotelgäste Prostituierte mitbringen, sie aufs Zimmer bestellen oder direkt am Empfang ordern, ist in den meisten Hotels der gehobenen Klasse Standard. Selbst im Central sind die Nutten ein und aus gegangen. Man ist in fremder Umgebung, keiner kennt einen, man kann ja mal was ausprobieren, und danach verschließt man es hinter der Zimmertür.

Einmal stand Valentina mit einem seltsamen Ding im Flur, das eine Mischung aus Luftpumpe und medizinischem Gerät zu sein schien, nur dass es weinrot war und offensichtlich auch noch ein Batteriefach hatte. »Was ist das?«, fragte sie. Ich wusste es auch nicht. Sicherheitshalber hoben wir das Teil im Regal des Housekeeping-Büros auf, bis uns Nadine kreischend fragte, was um alles in der Welt wir denn mit einer Penispumpe vorhatten.

Ziemlich oft blieben benutzte Kondome herrenlos im Zimmer zurück. Sie fanden aus irgendeinem Grund nur sehr selten den Weg in die Mülleimer, sondern blieben stattdessen neben den Betten oder unter der Decke liegen. Vielleicht brauchten manche Gäste diese Überreste als Trophäen: Seht her, was ich geleistet hab heut Nacht! Manche Männer finden es ja auch cool, wenn sie morgens nach der Party in jeder Ecke ihrer Wohnung noch Bierflaschen und andere Reste vom Gelage finden.

Und offenbar gab es Gäste, die sich an dem Gedanken erfreuten, dass im Hotel jemand kommt und die Kondome, die Dildos und die Handschellen wegräumen muss. Ich versuchte mir vorzustellen, worin der Reiz besteht, erst mit derlei Utensilien um sich zu werfen, danach zum Frühstück zu gehen und genau zu wissen, dass die, die da gerade mit einem Berg Handtücher im Arm über den Gang hastet, gleich das zweifelhafte Vergnügen haben wird, die nächtlichen Ergüsse wegzuputzen.

Es gibt in allzu ekligen Fällen auch ein Gegenmittel, eine Art Geheimwaffe. Ich nenne sie »Die Rache der Zimmermädchen«. Wer es übertreibt mit den Schweinereien im Zimmer, der sollte, nur so als Tipp, unbedingt seine Zahnbürste wegräumen, bevor geputzt wird. Sonst kann es sein, dass die Toilette mit einer Bürste gereinigt wird, die dafür viel zu klein und daher eigentlich ungeeignet ist. Das ist die Höchststrafe. Es passiert nur sehr selten und nur in begründeten Ausnahmen. Eine mildere Strafe besteht darin, den Fernseher, der im Hotel auch als Wecker dient, auf vier Uhr nachts zu programmieren. Wer sich also jemals wunderte, warum mitten in der Nacht sein Fernseher anspringt, der darf sich berechtigterweise Gedanken machen über sein Verhalten als Gast.

Ich sah Katja und Sara in dieser Zeit nicht mehr so oft wie früher, als wir noch zusammen arbeiteten, aber so oft es ging, trafen wir uns nach der Arbeit auf einen Cocktail im *Maroosh* oder auf eine Flasche Wein in meinem Zimmer. Sara war im *Berlin Noble* gelandet, einem Vier-Sterne-Haus in Mitte, und auch Katja war Hausdamenassistentin geworden, in einem Tagungshotel.

»Ich hasse Bademäntel«, sagte Sara einmal. Wir saßen auf meinem Sofa und Sara schüttelte sich. »Wieso das denn?« Ich hatte mit ihnen bisher keine Probleme gehabt.

»Die ziehen die Perversen an!«

Sara war zwei Tage zuvor gebeten worden, einem Gast noch einen Bademantel aufs Zimmer zu bringen.

»Und dann klopfe ich, nix, klopfe noch mal, wieder nix. Dann bin ich rein und hab noch mal gerufen ›Housekeeping!‹, nix. Die haben mich ganz ins Zimmer latschen lassen. Und dann: Bingo. Liegen da zwei nackte Tanten breitbeinig auf dem Bett!«

Das Ganze habe sie an einen Porno erinnert, und ihr schoss der Gedanke durch den Kopf: Vielleicht dreht hier jemand – und ich bin mit im Bild.

»Und?«, fragte ich. Sara schüttelte sich.

»Na ja, nichts. Ich hab die Mäntel auf die Kofferbank gepfeffert und bin raus. Die ticken doch nicht richtig.«

Katja hatte ungefähr zur gleichen Zeit mit einer Gruppe Basketballprofis zu tun, die sich für ein dreiwöchiges Trainingslager in ihrem Hotel einquartiert hatte. Die Mannschaft nahm mit Trainern, Masseuren, Physiotherapeuten und Ärzten eine halbe Etage ein – die sie ohne Scham nach wenigen Tagen in eine Art Bordell verwandelten. Die Prostituierten spazierten von einem Zimmer zum nächsten.

»Wenn sie nicht sowieso alle zusammen auf einem Haufen herumliegen.«

Katja verdrehte die Augen. Die Spieler fragten mehrfach an, ob Katja und ihre Kolleginnen nicht auch mitmachen wollten. Sie lehnten jedes Mal dankend ab, wechselten aber bald die Handtücher auch dann aus, wenn im Bett noch gevögelt wurde. Sie wären sonst mit ihrer Arbeit nie fertig geworden.

Eine Kollegin, die an der Rezeption arbeitete, hätte wirklich mal sehr schnell viel Geld verdienen können. Sie stand bei uns im Housekeeping-Büro und hatte eine neue VIP-Liste dabei.

»Da hat eine ganze Delegation eingecheckt, alles wichtige Leute, Botschaftsmitarbeiter, alle piekfein und gepflegt«, erzählte sie.

»Und dann kommt gestern der eine Typ um kurz nach Mitternacht noch mal runter und fragt mich, ob ich nicht mit hochkommen will: I give you three thousand Euros. Ich: Sorry, but I am not a professional. I work here. Er: That's what I want. Der Typ wollte keine Nutte, der wollte ein ganz normales Mädel. Dann hat er mir fünftausend geboten, und ganz ehrlich: Der war nicht mal hässlich oder ekelig.«

Die Kollegin hat dann doch lieber auf das Angebot verzichtet, aber so ganz ging es ihr nicht mehr aus dem Kopf: »Ab wann ist man käuflich? Da fängste doch an zu überlegen.«

Es war in einer meiner ersten Wochen im Royal, als ich durch die Etagen ging, um in den Bleiberzimmern zu überprüfen, bei wem die Mädchen putzen konnten. Ich vollführte an jeder Tür mein übliches Ritual. Aus Zimmer 300 kam schon nach dem ersten Klopfen ein entspanntes »Ja, kommen Sie rein«, und ich trat ein, um schon mal die Handtuchlage zu checken und zu gucken, ob dem Gast etwas fehlte. Dass dem bärtigen Dicken am Schreibtisch etwas fehlte, sah ich auf den ersten Blick. Er saß nackt auf dem Schreibtischstuhl und tippte, ohne eine Miene zu verziehen, etwas in seinen Laptop.

Der Mann war ungewöhnlich dick, ein wahrer Koloss, der zwei Meter Abstand zum Tisch halten musste, um seinen Wanst noch vor die Tischplatte zu bekommen. Er musste richtig lange Arme machen, um an sein MacBook zu kommen, und sein Bauchfett lag in Falten auf seinen Knien. Er saß auf einem gelben Handtuch, das definitiv nicht aus dem Royal stammte. Er musste es von zu Hause mitgebracht haben.

Ich blieb stehen. Der Mann arbeitete und beachtete mich nicht.

»Möchten Sie Service?«, hörte ich mich fragen. Ich spulte einfach mein normales Programm herunter.

»Nein, danke, ist alles in Ordnung«, sagte er nur. Er drehte sich nicht einmal zu mir um und tippte einfach weiter. Gott sei Dank sah ich ihn nur von der Seite, seine massigen Schenkel verdeckten Intimeres, aber ich blieb doch lange genug in der Tür, um zu sehen, dass sein haarloser, schneeweißer Hintern ein Stück über die Sitzfläche des Stuhls hing. Ich schnappte mir schnell die »Bitte nicht stören«-Karte und verschwand aus dem Zimmer. Die Karte hängte ich draußen an die Tür. Diesen Anblick wollte ich jeder anderen gerne ersparen.

Besonders heikel war der Turn-Down-Service am frühen Abend, wenn die Betten zum Schlafengehen hergerichtet werden, die Tagesdecke verschwindet und die kleinen Fußmatten vor die Betten kommen. Nicht selten sind die Gäste dann im Zimmer, machen sich fertig für das Abendessen oder entspannen vom Arbeits- oder Einkaufstag. Ein direkter Kontakt ist also oft nicht zu vermeiden. Ich weiß nicht genau, wie hoch der Anteil der allein reisenden männlichen Gäste war, die uns dabei halbnackt begegneten. Er war jedenfalls ziemlich hoch. Man könnte meinen: Wenn jemand klopft, also, wenn ich klopfe und »Housekeeping« und den Nachnamen rufe, so das Ritual, kann derjenige, der drinnen ist, bevor er »Ja« oder »Herein!« sagt, sich doch etwas überziehen. Es gibt Hosen. Es gibt Hemden. Auch für die, die gerade zufällig aus der Dusche kommen, gibt es Möglichkeiten, ihre Nacktheit zu bedecken, zum Beispiel mit einem von Saras so verhassten Bademänteln.

Es war auffallend, wie oft vor allem Männer am frühen Abend unter der Dusche standen. Im Royal begegneten mir ständig welche, die nur ein kleines Handtuch um die Hüfte geschlungen hatten. Das kannte ich von den Männern aus meinem privaten Umfeld nicht. Die duschten entweder am Morgen oder zogen sich nach dem Duschen auch wieder an. Fünf-Sterne-Männer sind ganz offenbar ein Musterbeispiel an Reinlichkeit. Oder duschten die nur, weil sie wussten, dass gleich noch ein Zimmermädchen vorbeikommt?

»Möchten Sie nicht noch einen Moment bleiben?«

Mich traf fast der Schlag, als der Typ mir diese Frage stellte. Ein untersetzter Mittvierziger mit lichtem Haarkranz – ein Mann, den man auf der Straße übersehen würde und dem man, träfe man ihn bekleidet im Fahrstuhl, nichts Böses zutrauen würde. Er stand im Bademantel vor mir, aber er hantierte mit der Kordel herum, sodass es nur noch eine Frage von Sekunden war, bis das Frotteestück sich öffnen würde wie ein Vorhang. Ich dachte an den Nackten im Central und trat sofort den Rückzug an, auch wenn ich die Tagesdecke noch gar nicht ordentlich in den Schrank gelegt hatte, aber das war mir in dem Moment dann auch egal.

Situationen wie diese erlebte ich im Royal immer wieder. Auch sehr beliebt war die Frage, welcher Service denn im Turn-Down-Service noch enthalten sei.

»Was können Sie mir denn noch so bieten?«

Alles immer mit einem Lächeln vorgetragen. Ich tat stets, als hätte ich die Frage gar nicht gehört. Und tatsächlich war ich bald ziemlich gut im freundlichen Überhören – und wurde beim Tagesdeckeweglegen ein Wunder an Schnelligkeit.

Heute frage ich mich, warum ich diesen Mist so einfach erduldet habe. Warum kam ich gar nicht mehr auf die Idee, die Nackten unten an der Rezeption zu melden, auf dass sie nie wieder nackt eine Tür öffnen und eine Frau mit schmierigen Angeboten zum Bleiben aufforderten? Ich glaube, ich tat es nicht, weil ich irgendwann tatsächlich geglaubt habe, das sei normal. So sind die Menschen. Man muss sie lassen. Nach nur sechs Monaten im Luxushotel hatte sich mein Menschenbild eindeutig verändert.

Der Room-Service hatte in dieser Hinsicht noch weniger Spaß als wir. Ich weiß, dass manche weiblichen Angestellten sich weigern, nach Einbruch der Dunkelheit noch etwas in die Zimmer zu bringen. Ein männlicher Gast, der nachts um halb drei einen Tee bestellt, hat ja keinen blassen Schimmer, was er damit beim Zimmerservice für ein Unwohlsein verursacht.

Es gibt zwar ein Gäste-Warn-System, ein Notizsystem im Hotelcomputer, in dem vermerkt wird, wenn ein Gast eincheckt, der schon einmal Frauen belästigt hat. Es ist aber ganz schön schwierig, einen solchen Eintrag zu bekommen. Nur mal nackt die Tür geöffnet zu haben reicht dafür jedenfalls nicht aus.

Das Erregungspotenzial, das von unserem Berufsstand ausgeht, ist enorm. Wer das nicht glaubt, der gebe bitte mal »Zimmermädchen« bei der Google-Bildersuche ein. Was man da zu sehen bekommt, hat mit dem Alltag von Zimmermädchen nichts zu tun. Kostüme sind das. Ich wüsste nicht, in welchem Hotel jemand so kurze Röckchen und geschnürte Mieder als Berufsbekleidung trägt.

Die Bildersuche führt einen auch zu einem Foto auf Welt Online, auf dem man einem Zimmermädchen (in Phantasieuniform) halb unter den Rock schauen kann. Das Mädchen sitzt einem Gast fast auf dem Schoß, und der Gast, das Hemd halb aufgeknöpft, hat sich zurückgelehnt und reicht der Frau Feuer. Bildunterschrift: »Wie dieser Hotelgast würden wohl die meisten Männer reagieren, wenn sich ein hübsches, junges Zimmermädchen auf ihr Bett setzt.« Ach ja, womöglich auf das eines hässlichen, alten Welt-Online-Redakteurs? Das Ganze wurde nicht im Jahr 1956 veröffentlicht, sondern im Jahr 2010. Wie viele Pornos von Zimmermädchen handeln, will ich gar nicht erst wissen.

Was genau ist es, was Menschen, die anderen ein Zimmer säubern, einen Tee bringen oder eine Cola in die Minibar stellen, zu einer so beliebten Wichsvorlage macht? Glauben unsere Gäste wirklich, wir seien leicht zu haben? Und wie passt es zusammen, dass die gleichen Männer, die uns morgens übersehen, uns abends, wenn wir noch mal die Vorhänge glatt ziehen, unvermittelt zum Sex auffordern? Glauben sie wirklich, dass von ihnen, weil sie in einem Zimmer übernachten, das für uns unerschwinglich teuer ist, ein unwiderstehlicher Reiz ausgeht?

Wir sind die ideale Projektionsfläche für Phantasien aller Art: Frauen, die immer zu Diensten sind, ohne jeden Widerspruch. Wir erfüllen ja auch sonst jeden Wunsch. Und: Je jünger die Frau und je niedriger ihr Status, umso derber die Anmache.

Ich möchte all jenen Männern mit Zimmermädchenphantasien eine Illusion rauben: Niemand träumt von euch. Niemand. Ich habe Hunderte von Frauengesprächen im Hotel miterlebt, und es ging um alles, aber es ging nie um einen Gast, der eine besondere Faszination auf eine von uns ausgeübt hätte oder zu dem man sich gerne mal ins Bett gelegt hätte.

Die Chance, ein Zimmermädchen zum Sex zu überreden, ist nicht größer als die, eine wildfremde Frau auf der Straße zum Sex zu überreden. Nur dass es sich die Männer auf der Straße nicht trauen, weil ihnen eine Handtasche, ein Regenschirm oder ein paar unschöne Worte entgegenfliegen könnten.

Im Hotel zeigt sich die hässliche Fratze der Männlichkeit, und in der gehobenen Hotellerie zeigt sie sich mit Abstand am deutlichsten. Eine Nacht im Hotel scheint für den allein reisenden Mann eine harte Prüfung zu sein: Schaffe ich es oder schaffe ich es nicht, mich zu benehmen? Ich glaube, nicht viele bestehen diesen Test.

Die Hotels kennen natürlich die Phantasien, die wir auslösen.

»Je blonder du bist, desto größer die Wahrscheinlichkeit, dass du an der Bar arbeitest«, so sagte es einmal eine Kollegin.

Kein Restaurantleiter verweigert einem wohlhabenden Gast den Wunsch, heute nur von »der Kleinen dahinten« bedient zu werden. Und wenn dieser ihr dann an den Hintern fasst, wird ebenjener Restaurantleiter das mit großer Wahrscheinlichkeit nicht sehen.

In den meisten Hotels drohen dem Gast keinerlei Konsequenzen. Er weiß, dass die Frauen, die er da belabert oder belästigt, nichts sagen werden. Nichts sagen dürfen.

Das Management duldet, dass Männer junge Frauen belästigen. Würden sie einschreiten, könnte ihnen passieren, was sie am meisten fürchten: Sie könnten einen gut zahlenden Kunden verlieren.

Als ich im Royal anfing, hatte ich mir vorgenommen, mindestens drei Jahre zu bleiben. Das macht sich besser im Lebenslauf, sagte ich mir. Aber je länger ich im Royal arbeitete, umso sicherer war ich mir, dass ich das nicht schaffen würde. Vielleicht wären ja auch zwei Jahre genug, oder sogar noch weniger? Es ereignete sich schließlich ein Vorfall, der mich in diesem Entschluss nachdrücklich bestärkte.

Schon in der Ausbildung lernte ich, dass der korrekte Gebrauch der Klobürste nicht jedem Gast bekannt war. Auch die Tatsache, dass manchmal Spuren an Stellen der Toilette zu finden waren, die ein Normalsterblicher oder Normalverdauer niemals treffen würde, akzeptierte ich irgendwann. Mochte es einfach gelenkigere Toilettenbesucher geben.

Leider reizte aber nicht nur die für diese Zwecke bekanntlich vorgesehene Toilette die Gäste zur Verrichtung der täglichen Bedürfnisse. Es kam vor, dass in den Betten etwas danebenging. Manchmal war der Abfluss in der Dusche seltsam verstopft, und mehr als einmal hatten Valentina und ihre Kolleginnen schimpfend die Mülleimer mit überraschendem Inhalt auf den Flur gestellt.

»Wer macht denn so was?«, hatten wir uns dann immer gefragt. Wer schon? Offenbar Leute, die beim Check-in nachfragen, wie lange die Bar geöffnet hat, die gerne ein Badelaken mehr hätten, die sich im Spa massieren lassen und beim Frühstück zwei Spiegeleier essen – ganz gewöhnliche Gäste halt.

Es war ein Montag in meinem achten oder neunten Monat im Royal, ich hatte tatsächlich am Wochenende frei gehabt und war mit meinem Bruder beim Sport gewesen, hatte bei meiner Mutter Kaffee getrunken und Sonntag mal wieder richtig ausgeschlafen.

Alles verlief so wie immer, das Morgenmeeting, das Credo (»Wir lassen unseren Gästen ein Höchstmaß an persönlichem Service zuteilwerden und erahnen alle ihre Wünsche«), die Teambesprechung mit Frau Gabriel. Ich war heute für die Etage zuständig, in der die VIPs untergebracht wurden, Prominente, Schauspieler, Vorstände aus großen Firmen, die man auch manchmal im Fernsehen sah, Moderatorinnen von Celebrity-Sendungen und steinreiche arabische Familien.

Ich beschloss, noch schnell auf der Feuertreppe eine zu rauchen und erst dann in meine Etage hochzugehen, aber zu dieser Zigarette kam ich nicht mehr. Schon als ich aus dem Fahrstuhl trat, stieg mir der Geruch in die Nase. Ich mag eine besonders feine Nase haben und gehe damit sicher auch manch einem auf die Nerven. (»Puh, hier mieft's, du musst mal wieder lüften« – mit der Bemerkung habe ich mich schon bei mehr als einem Mann unbeliebt gemacht.) Aber das hier war definitiv nicht nur für empfindliche Nasen zu bemerken. Was das war, was da so stank, war auch von Anfang an unmissverständlich klar. Es stank nach Scheiße.

»Große Güte«, dachte ich, »was ist denn hier passiert?«

Man war ja einiges gewohnt, aber das hier war kein

Mülleimer, den jemand zweckentfremdet hatte. Hier roch es, als sei ein Güllefahrzeug umgekippt. Und ich roch sofort, woher das kam: von ganz hinten links.

»Oje, ich will da nicht rein«, durchzuckte es mich, aber ich wusste: »Du musst da jetzt rein.«

Ein Problem sehen und es nicht sofort zu lösen suchen – bei so einer Drückebergerei brauchte man sich nicht erwischen zu lassen.

Je näher ich kam, umso schlimmer stank es. Ich versuchte, nur ganz flach durch den Mund zu atmen und hatte Angst, dass gleich die übrigen Zimmertüren aufgehen würden und eine Schar empörter Gäste hustend und keuchend von der Etage flüchten würde. Es war halb sieben, die ersten würden bald kommen.

Ich klopfte. Wen oder was erwartete ich? Dass mir eine frisch geduschte junge Dame im Seidenneglígé öffnete, sicher nicht. Ich klopfte noch einmal und öffnete die Tür schließlich mit meiner Generalkarte. Der Gestank war abartig. Ich musste würgen und schaffte es doch, wenigstens einen Blick ins Zimmer zu werfen.

Ich werde diesen Anblick nie vergessen. Der Mief kam nicht aus dem Bad. Hier hatte keiner danebengemacht oder auf den Klodeckel gekackt. Jemand hatte die gesamte Wand über dem Doppelbett mit Scheiße beschmiert. Von oben bis unten. Mit den Fingern, das sah man am Wischmuster. Die Scheiße klebte überall, am Kopfkissen, an der Tagesdecke, am Schränkchen neben dem Bett. Einzig die Nachttischlampe stand ordentlich mitten im Geschmiere. Ich schaffte es irgendwie zum Fahrstuhl zurück, ohne mich zu übergeben, aber es war knapp.

Die Etage wurde danach für einige Tage gesperrt. Der Teppich wurde ausgetauscht und alle Stoffe entsorgt (auf Kosten des Gastes). Nur die Tapete konnte bleiben. Sie war wie in den meisten Hotels mit abwaschbarer Farbe gestrichen.

Ihre Meinung ist uns wichtig

Eine Zeit lang gab es so etwas wie eine Entspannung zwischen Hotel und Fremdfirma. Elbracht, der Haarausreißer, hatte einen besseren Job in einem anderen Haus gefunden, und es hatte die ausdrückliche Einladung durch Frau Schmalberg gegeben, dass wir Externen doch auch in der Kantine essen sollten. Wir sollten auch weniger zahlen müssen als vorher. Aber als doch wieder unfreundliche Worte zwischen Externen und Angestellten gefallen waren, war dieser kurze Frühling wieder vorbei.

Laura putzte weiterhin so schlecht wie immer. Wochenlang hatte ich nichts mit ihr zu tun, dann aber wieder drei Wochen am Stück. Und ich wusste: Es würden unschöne drei Wochen werden. Ich hätte gar nicht auf den Plan gucken müssen, um zu wissen, dass sie eingeteilt war – ich erkannte es an den Wasserflecken im Waschbecken, den mehr als lieblos aufgehängten Handtüchern und den schief im Zimmer stehenden Sesseln. Und natürlich erkannte ich es an den Staubrändern, die mein weißes Schwert hatte, wenn ich unter dem Bett oder auf dem Fernseher kontrollwischte.

Was Laura nicht wusste: Inzwischen hatte ich mir geschworen, nicht wieder klein beizugeben. Elbrachts Weggang war für mich Anlass für einen kleinen Schwur: Nie mehr würde ich Probleme mit nach Hause nehmen und stundenlang beim Einschlafen an sie denken, anstatt mich auf den nächsten Wochenendausflug an die Müritz zu freuen. Ich setzte Laura, ohne es ihr zu sagen, eine Frist von fünf solchen Zimmern, bevor ich etwas unternehmen würde.

Sie hatte die fünf noch schneller voll, als ich dachte. Und ich tat, was ich mir vorgenommen hatte. Ich ging mit selbstbewusstem Schritt in Richtung Milchglas-Büro, fest entschlossen, mit Frau Schmalberg Klartext zu reden. Ich würde ihr dabei in die Augen gucken und nicht auf den Teppich. Hatte sie nicht selbst gefordert, das Verhältnis zwischen Externen und Hausleuten müsste sich verbessern? Vielleicht war sie ja doch eine Art Gorbatschow im Kalten Hotelkrieg. Ich würde es ihr sagen, ganz sachlich, ohne mich aufzuregen. Ich würde sagen, dass es da ein Problem gibt, über das man, im Interesse aller, reden muss. Ich hatte ein paar Tage Zeit gehabt, um an meiner kleinen Staub-Schweiß-und-Tränen-Rede zu feilen und fand sie gut. Ich war mir meiner Sache sicher.

»Was willst du?« Sie setzte sich hektisch auf, als ich eintrat. Sie war es offenbar nicht gewohnt, spontan Besuch zu bekommen. Sie musterte mich misstrauisch und griff nach einem Kugelschreiber, dabei war offensichtlich, dass es gerade nichts zu schreiben gab. Es lag auch nirgendwo ein Papier, mit dem sie sich hätte beschäftigen können. Vor ihr auf dem Tisch lag nur eine aufgeschlagene englische *Cosmopolitan*. Sicher die Hinterlassenschaft eines Gastes.

»Ich wollte mit Ihnen über Laura sprechen. Es gibt ein Problem. Ich habe oft das Gespräch mit ihr gesucht …« Ich zögerte plötzlich, weil ich mich unwohl fühlte mit einem Vokabular, das eigentlich nicht meins war.

»Das Gespräch gesucht, was redest du hier eigentlich für einen Mist?«, dachte ich, vielleicht auch, weil ich merkte, dass sich das Gesicht von Frau Schmalberg veränderte. Sie guckte jetzt nicht mehr misstrauisch, sondern eher so, als müsse sie sich ohne Betäubung einen Backenzahn ziehen lassen. Kurz hatte ich die Hoffnung, dass sie sagen würde: »Ach ja, ich kenne das Problem …«, aber es war nicht Lauras Arbeit, die ihr Schmerzen bereitete. Ich war es.

Ich beschloss, meinen letzten Satz nicht zu Ende zu bringen. Stattdessen schlug ich, was anderes fiel mir nicht ein, mit dem Staubschwert gegen meinen Rock, und der Staub daran blieb in langen, hellgrauen Fäden an mir kleben. Jetzt starrte ich doch auf den Teppich.

»Was hast du mit Laura?«

Das war keine Frage, sondern ein Vorwurf. Ich überlegte, ob ich darauf antworten sollte. Ich hatte lange an meiner Rede gefeilt, aber ich hatte keine Strategie, wie ich auf genervte Gegenfragen reagieren sollte.

»Sie ist einfach nicht gründlich genug. Ich wische den ganzen Tag hinter ihr her«, antwortete ich. »Also nicht den ganzen Tag, aber …«

Jetzt starrte mich die Schmalberg an. Ich schwieg und sah wieder zu Boden. Super Idee, dachte ich. Glückwunsch, Anna, dit haste richtig jut jemacht.

Als ich nach einer Weile den Kopf hob, um nachzusehen, wie es ihr ging, sah ich eine Frau, die ihre Füße in Eiswasser getaucht zu haben schien. Aber da war kein Eiswasser unter ihrem Schreibtisch, das konnte ich sehen.

Sie schob die *Cosmopolitan* zur Seite und nahm sich ihren Kalender. Jetzt kam auch endlich der Kugelschreiber zum Einsatz.

»Komm um sechzehn Uhr zu mir«, sagte sie. »Frau Gabriel wird auch dabei sein. Wir müssen uns unterhalten.«

»Das tun wir doch gerade«, schoss es mir durch den Kopf, aber ich hatte verstanden. Wir würden uns über mich unterhalten. Ich hatte mit meiner Aktion gegen eines der wichtigsten und auf keiner Credo-Karte erwähnten Gesetze überhaupt verstoßen: Ein Zimmermädchen macht den Mund nie auf – und eine Hausdamenassistentin auch nicht. Schon gar nicht, wenn sie nur eine Externe ist.

Ich nahm mir vor, mich auf keinen Fall alleine beim Sechzehn-Uhr-Termin blicken zu lassen. Ich musste Nadine nicht lange überreden, meine Begleiterin zu sein. So schnell hatte sie zugesagt mitzukommen, als sei es ihr ein Vergnügen, einem kleinen Zoff mit Frau Schmalberg beizuwohnen. Dabei hatte sich die Schmalberg niemals Haare ausgerissen, um uns zu schikanieren. Wenn man wollte, konnte man mit ihr sogar ab und an ein bisschen plaudern, vorausgesetzt, man hatte Lust, sich für ihre Problemchen – meistens ging es um Männer oder Kosmetika – zu interessieren. Deshalb verstieg ich mich ja zu der, natürlich völlig irren, Überlegung, ich könnte mit ihr über ein echtes Problem sprechen, das unsere Arbeit betrifft.

»Dann wollen wir mal«, sagte Nadine, und um Punkt

sechzehn Uhr standen wir bei Frau Schmalberg auf der Türschwelle. Frau Gabriel war schon da, und es schien mir, als sei ihr ihre Anwesenheit unangenehm. Die Schmalberg fragte nicht, was Nadine hier zu suchen habe, es wäre ja eine sehr berechtigte Frage gewesen, aber vielleicht war sie einfach nur zu konzentriert auf die Anklage, die sie sogleich erhob und die einigermaßen deckungsgleich mit dem war, was ich mir ausgemalt hatte. Es klang jetzt allerdings so, als hätte ich mich des Hochverrats schuldig gemacht. Wären wir beim Militär gewesen, zu Kriegszeiten, man hätte mich wahrscheinlich nicht mehr retten können.

Die Schmalberg redete sich in Rage. Ich gab mir Mühe, wenigstens nicht zu schuldbewusst auszusehen. Während sie redete, grübelte ich darüber nach, wie ich mich verteidigen könnte.

Dass es dazu gar nicht mehr kam, war Nadine zu verdanken. Wenn sie nicht im entscheidenden Moment, in dem mir meine Kompetenzüberschreitung blumig dargelegt wurde, die Augen verdreht hätte, wären wir vielleicht glimpflicher davongekommen.

Frau Schmalberg hatte es natürlich sofort gesehen. Sie unterbrach ihre Vorwurfsorgie.

»Warum verdrehst du die Augen?«, herrschte sie Nadine an.

»Mach ich doch gar nicht.«

»Doch natürlich, ich hab dich doch gesehen.«

»Tu ich nicht. Sorry.«

»Jetzt grinst du auch noch.« Nadine grinste tatsächlich.

»Was machst du hier eigentlich?«, jetzt fiel es ihr doch auf. »Statt deine Arbeit zu machen, stehst du hier herum und mischst dich in Dinge, die dich nichts angehen.«

Nadine zuckte mit den Schultern. »Ich will nur helfen«, sagte sie ruhig.

Die Schmalberg bekam einen Tobsuchtsanfall erster Klasse. Dann warf sie uns aus ihrem Büro. Regina Gabriel hüpfte uns hinterher, als wollte sie keine Sekunde alleine mit der Schmalberg im Zimmer bleiben.

Wir bogen zweimal um die Ecke, blickten zurück, ob uns auch keiner sah, nahmen uns in den Arm und heulten und lachten. Frau Gabriel stand daneben und sah aus, als wollte sie auch in den Arm genommen werden.

Ich bekam eine schriftliche Abmahnung. Ich möge keine Kolleginnen anschwärzen, noch dazu ohne Grund. Ohne Grund! Und mein Tonfall in diesem Hause sei generell bedenklich.

Es war wie immer: Im Hotel wird diktiert, von oben nach unten. »Mitreden« ist ein Fremdwort. Einen Betriebsrat gab es auch nicht, nicht einmal für die Hausangestellten. Die einzigen Gewerkschafter, die mir im Hotel je begegnet sind, kamen zu Tagungen und Konferenzen und hatten für ihre Zimmer einen besonders guten Rabatt verhandelt.

Nach einer Woche ungefähr war die Schmalberg wieder wie immer: abweisend, aber nicht unhöflich. Sie bemühte sich sogar um Small Talk mit mir, aber mein Interesse daran war eher gering. Laura putzte immer noch schlecht. Hörte ich. Sie kam auf eine andere Etage und wechselte nach ein paar Wochen in den Service.

Meine Mut-Maxime hatte sich also doch gelohnt: Eine Abmahnung gegen Lauras Wechsel in den Service war kein schlechter Deal, wie ich fand.

Barzahlung möglich

Ich war gerade dabei, neue Kugelschreiber auszulegen und frisches Briefpapier in die Mappen zu stecken. In der dritten Etage brachte das Haus für gewöhnlich die Gruppen-Reisenden unter, und die, die im Internet ein günstiges Angebot buchten. Die dritte Etage war mit Abstand die hässlichste im Hotel. Weinrotes Holz bis zur Decke und dazu gelbe Bettwäsche und Gardinen – wer sich dieses Interieur ausgedacht hatte, muss ungute Träume gehabt oder den Gästen ebensolche gewünscht haben. Die Gäste, die hier günstig schliefen, steckten alles ein, da war kein Kugelschreiber, keine Duschhaube, keine Einmal-Nagelfeile und kein Paar Frottee-Pantoffeln zu hässlich, es ging alles mit.

Valentina sah aus, als hätte sie versehentlich am Putzmittel genippt, so bleich stand sie vor mir. Ich möge doch mal mitkommen in Zimmer 804. Sie habe etwas Schreckliches gefunden. Nicht schon wieder Haare, dachte ich kurz, ahnte aber, dass Valentina dann nicht so erschrocken gewesen wäre. Ich wusste auch, dass sie auf Dildos gelassener reagierte. Ich dachte an den Toten aus dem Central.

Wir eilten gemeinsam in die achte Etage. Als wir in

Zimmer 804 ankamen, standen sechs oder sieben Zimmermädchen in der Tür, wild durcheinander schnatternd. Ich schickte die Mädchen bis auf Valentina weg. Sie sollten kein Aufsehen erregen, was auch immer hier los war. Wenn es dafür nicht längst zu spät war.

Nadine stand mitten im Zimmer. Sie hatte einen Packen gelber Scheine in der Hand. Zweihundert-Euro-Scheine – ich wusste vorher gar nicht, dass die gelb sind. Im offenen Safe lagen noch mehr davon.

»Ist das echt?« Ich tippte die Scheine vorsichtig mit den Fingerspitzen an. Nadine konnte die Frage nicht beantworten. Sie hatte in ihrem Leben noch nicht mehr Zweihundert-Euro-Scheine gesehen als ich.

So viel Geld, schoss es mir durch den Kopf. Es kam mir unanständig vor.

Nadine und Valentina waren vor allem deswegen so aufgeregt, weil sie das Geld nicht etwa im Nachttisch gefunden hatten, was abenteuerlich genug gewesen wäre, nein, sie hatten es im Safe gefunden. Wohin so viel Geld sicherlich auch gehörte. Aber eben nicht, wenn der Gast bereits ausgecheckt hat. Deshalb hatte Nadine den Safe auch mit dem Universal-Safe-Öffner geöffnet, einer Art Kreditkarte, die an der Rezeption lag.

Das Problem war: Sie hatte den Safe alleine geöffnet, ohne dass jemand vom Haus dabei war. Safe-Öffnen in Begleitung: wunderbar. Safe-Öffnen ohne Begleitung: nur wunderbar, wenn der Safe leer ist. Fast immer ist das auch so, sonst würde keine von uns – so wie ich es auch schon oft gemacht hatte – den Safe-Öffner nehmen, ohne abzuwarten, bis sich ein Kollege vom Royal erbarmt, mit hoch ins Zimmer zu kommen. Den Rezeptionisten war es nur recht. Aber sie taten dann immer so, als hätten sie nicht gesehen, dass wir uns den Öffner aus der Schublade nahmen. Es fiel ihnen ja auch nicht schwer, uns nicht zu sehen.

Wenn wir ein Team gewesen wären, hätte man jetzt einen der Kollegen aus dem Haus rufen können, man hätte sagen können: großes Problem, Vermögen gefunden, kann einer kommen, dann öffnen wir noch mal gemeinsam und geben alles schön sortiert bei Frau Schmalberg ab. Aber wir waren ja kein Team. Wir holten niemanden dazu. Man hätte uns nicht getraut, es hätte Geschrei gegeben. Im schlimmsten Fall hätte sich einer von den anderen etwas von dem Geld abgezweigt und den Diebstahl, wenn er dann offenkundig geworden wäre, uns angelastet, weil wir den Safe ja alleine geöffnet hatten.

Nadine und Valentina redeten noch immer wild durcheinander. Oh nein, das kostet uns den Job! Was machen wir nur? Wir müssen den Safe wieder zumachen! Wie viel ist das bloß? Am liebsten hätte ich auch mitgeschrien und gewartet, bis jemand an der Tür klopft und fragt, was denn hier los sei.

»Wir bringen das Geld weg«, entschied ich schließlich. Die beiden starrten mich an, als hätte ich gesagt: »Los, wir brennen damit durch nach San Francisco. Valentina packt die Koffer. Nadine kauft die Tickets.«

Ich dachte an die zahllosen Fernsehkrimis, die ich gesehen hatte: Jemand findet eine Leiche, und obwohl er nicht der Täter ist, lässt er sie verschwinden und das Unheil nimmt seinen Lauf.

Ob ich an Diebstahl gedacht habe? Ganz ehrlich? Keine Sekunde. Ich wusste, dass die Gäste das Zimmer verlassen hatten, und wer weiß, wo sie inzwischen waren und was sie dazu bewogen hatte, so viel Geld mit sich herumzutragen. Dass sie es hier vergessen hatten, sprach in jedem Fall dafür, dass sie nicht eben knapp bei Kasse waren. Mir einfach ein paar Scheine davon in die Tasche zu stecken, kam mir dennoch nicht in den Sinn. Wenn ich bei Kaisers einen Zehner zu viel heraus bekam, sagte ich es der Kassiererin ja auch.

Ich drückte Valentina einen Müllbeutel in die Hand und sagte: »Pack alles da rein«, so wie es Bankräuber den Angestellten hinter dem Tresen befehlen, über den Lauf ihrer Knarre hinweg.

Während Valentina die Scheine zusammenraffte, überlegten Nadine und ich, wie es jetzt weitergehen würde. Wir mussten das Geld in unsere Wäschekammer bringen, es zählen. Und dann Meldung machen.

Der Müllsack mit Geld trug nicht eben dazu bei, dass sich Valentina beruhigte, und so schickte ich sie wieder zum Zimmerputzen. Sie schaute mich erleichtert an, wie die überraschend frei gelassene Geisel eines Bankräubers.

Nadine verschloss die Tür unserer Kammer, und wir begannen im Schein der winzigen Schreibtischlampe zu zählen. Immer zehn Scheine bildeten einen kleinen Stapel. Wir waren sehr konzentriert, sprachen kaum ein Wort. Vielleicht ging Nadine Ähnliches durch den Kopf wie mir: Wie unglaublich es doch war, dass jemand so viel Geld so einfach in seinem Zimmer vergisst.

Jeder Schein, den wir in der Hand hatten, war mehr als wir jemals für eine Handtasche, eine Jeans oder eine Hotelübernachtung ausgegeben hatten. Für jeden einzelnen Schein musste Valentina fast hundert Zimmer putzen.

»Weißt du, wer die Gäste waren?« Da der Fund nicht auf meiner Etage passiert war, kannte ich auch die Leute aus Zimmer 804 nicht.

»Das waren zwei ganz junge Russen, ein Pärchen«, sagte Nadine. »Die sind heute früh aus dem Zimmer.«

»Was die wohl mit dem Geld vorhatten?«

Ich konnte es mir ungefähr denken. »Shoppen, meine Liebe. Das war ihr Taschengeld für heute.«

Nadine machte große Augen und wirkte plötzlich mutlos. Das viele Geld befremdete uns, es war so sinnlos, dass es einfach da vergessen herumlag und offenbar nicht vermisst wurde.

Eigentlich, dachte ich, haben sie es nicht verdient, dass wir uns so viel Mühe machen. Ich wollte es immer noch nicht stehlen, aber ich fand es ungerecht, dass wir hier saßen und uns fühlten wie Bankräuber, nur weil die beiden Gäste es nicht schafften, auf ihre Barschaft aufzupassen.

Am Ende zählten wir zwanzig Stapel. Zwanzig Mal zweitausend Euro.

»Wahnsinn«, sagte Nadine.

»Wahnsinn«, sagte ich.

Ich war erleichtert, dass es eine runde Summe war. Damit war ich ziemlich sicher, dass keines der Zimmermädchen zugegriffen hatte, als oben im Zimmer noch großes Tohuwabohu herrschte. Sicher hätte sich niemand exakt tausend oder zehntausend Euro eingesteckt. Jetzt musste uns das nur noch jemand glauben. Meine einzige Sorge war: Was, wenn der Gast am Ende behauptet, es seien fünfzigtausend gewesen? Am besten nicht drüber nachdenken, bevor es einem schwindlig wird.

Wir schnallten ein Gummiband um die Scheine und betrachteten das handliche Paket andächtig, bevor wir es wieder in die Mülltüte steckten.

Wir klopften bei Frau Schmalberg und blieben ziemlich nahe bei der Wahrheit, nur Valentina und die anderen Zeuginnen des Fundes erwähnten wir nicht. Wenn es zur Strafe wegen des Safe-Öffnens kommen sollte, musste man ja nicht unnötig viele andere mit bestrafen.

Zu unserem Erstaunen blieb Frau Schmalberg gelassen. Sie nickte nur, sagte, das sei »okay« und bat uns in durchaus freundlichem Ton, doch das nächste Mal jemanden vom Haus mitzunehmen, wenn wir wieder Safes knackten. Nadine und ich sahen uns verwundert an. Was war denn in die Schmalberg gefahren? Hatte sie einen besonders guten Tag? Sah sie uns an, dass wir vor ihr Angst hatten, und das stimmte sie gnädig? Oder belohnte sie tatsächlich unsere Ehrlichkeit?

Wir sahen zu, dass wir schnell rauskamen aus dem Zimmer, bevor die Stimmung kippen konnte. Bestimmt hat sie es deswegen nicht mehr geschafft, sich bei uns zu bedanken.

Später erfuhr ich: Das Pärchen war noch in der Stadt, es bekam sein Geld zurück. Ob die beiden an der Rezeption, als sie das Geld abholten, einen Finderlohn hinterließen, weiß ich nicht. Falls ja, so viel ist gewiss, ist davon kein Cent zu uns herübergerollt.

Extrabetten

Ein Zustellbett, das klingt harmlos, aber dahinter verbirgt sich der blanke Horror. Zustellbetten, das sind Betten, die zusätzlich in einem Zimmer aufgestellt werden. Meistens für ein bei den Eltern schlafendes Kind, manchmal auch für Erwachsene, die sich zu dritt ein Zimmer teilen. Abgesehen davon, dass ich es rätselhaft finde, warum sich manche Erwachsene lieber zu dritt ein Zimmer teilen als ein Einzelzimmer dazuzubuchen, was nicht wesentlich teurer ist, so ist die bloße Tatsache, dass es Zustellbetten für Erwachsene überhaupt gibt, ein Skandal, über den weite Teile der Bevölkerung definitiv zu wenig wissen.

Ziemlich sicher bucht der Gast ein drittes Bett, ohne zu ahnen, welche Arbeit dahintersteckt, bis es endlich im Zimmer steht. Eine Arbeit, die durch eine unglückliche Fügung des Schicksals zu meinem Job gehörte. Eigentlich hätte man für diese Schlepperei ausschließlich Männer engagieren müssen, Männer, die so gebaut sind wie die Typen, die bei meiner Nachbarin ständig ein und aus gehen und die so dicke Armmuskeln haben, dass die Arme von ihrem Rumpf abstehen wie bei Playmobilmännchen. Leider gab es im Housekeeping eindeutig zu wenig Männer.

Diese zusätzlichen Betten sind keine Klappliegen, wie man sie vielleicht von Ikea kennt. Der Gast soll auch auf dem Zustellbett liegen wie auf einem richtigen Hotelbett, das heißt, er soll auf einer festen, schweren Matratze liegen und das Gefühl haben, dass auch sein Rücken etwas davon hat, dass er so ein teures Zimmer gewählt hat. Fest und schwer, das war das Problem.

Die Zustellbetten im Royal bestanden aus einem Massivholz-Gestell, einem Lattenrost und einer Matratze. Am Kopfende war ein Rollbrett angebracht, sodass man das Bett, nachdem man es hochgewuchtet hatte, über den Gang ins Zimmer rollen konnte.

Zu meinem Leidwesen standen die Zustellbetten nicht in einer verborgenen Ecke der Zimmer, nein, sie wurden nur in bestimmten Offices gelagert, oft Etagen vom Bestimmungsort entfernt. Einmal hatte ich bei dem Versuch, mit so einem Bett in den Aufzug zu kommen, meinen Beeper zerstört. Er wurde zwischen Bett und Fahrstuhltür zerquetscht und hinterher hieß es, er habe mehrere hundert Euro gekostet.

Die Kunst bestand darin, auf dem Weg zum Zimmer nicht von einem umkippenden Bett erschlagen zu werden und es im Zimmer, ohne Mobiliar zu zertrümmern, wieder auf seine vier Füße zu stellen. Ein Erwachsenenbett wog gut und gerne so viel wie ein Dreiersofa und ich war mir sicher, dass mich irgendwann so ein Bett erschlagen würde. Ich würde tot unter dem Bett liegen und mein Telefon würde klingeln und klingeln und unten an der Rezeption würden sie sich mächtig aufregen, warum ich nicht drangehe. Nach dem fünften Anruf würden sie nach mir suchen lassen und schließlich ziemlich wütend sein, weil man eine Etage, auf der eine tote Angestellte herumgelegen hat, erst mal eine Weile nicht benutzen kann.

Ich hatte zwölf Zustellbetten an diesem Mittwoch, nur für den Vormittag. Ich schleppte nicht nur die Betten in die Zimmer, sondern auch zusätzliche Laken, Tagesdecken, Handtücher, Shampoo und Seife – alles eben, was dem Zustellgast sonst gefehlt hätte. Als ich die zwölf Zimmer endlich fertig hatte – ich fühlte mich, als bräuchte ich eine Dusche, eine Massage und einen großen Latte macchiato mit Vanillesirup –, rief mich der Empfang an: »Anna, hier ist Betty, machst du mal die 702 fertig? Die brauchen noch ein Bett dazu und ein Hunde-Treatment. Die Gäste stehen schon hier.« Betty klang wie immer leicht genervt. Genervt von mir. Das war der übliche Tonfall der festangestellten Rezeptionisten. Ich kann mich jedenfalls nicht daran erinnern, dass mal jemand »Danke« zu mir gesagt hätte oder »Bitte«. Betty war also gestresst von den Gästen, die schon da standen, ein bisschen zu früh natürlich, und darum nervte sie jetzt mich.

»Du dusselige Kuh, warum sagst du mir das mit der 702 nicht früher? Ich war eben in der siebten Etage, es hätte mir viele Wege erspart, wenn ich diese Information, die in deinem Computer sicher seit gestern Abend gespeichert ist, eine halbe Stunde vorher bekommen hätte.« Dachte ich mir, aber ich sagte nur: »Okay, mach ich.«

Und dann dachte ich weiter: Wenn es mich diesmal erschlägt, das Bett, dann war mein letzter Satz: »Okay, mach ich«, und das war definitiv kein schöner letzter Satz.

Ich hetzte also umgehend in die siebte Etage und zerrte das dreizehnte Zustellbett für diesen Tag aus dem Office. Es würde wieder zwanzig Minuten dauern, bis alles aufgebaut war, zwanzig Minuten, die mir später fehlen würden. Und dann auch noch dieses verdammte Hunde-Treatment, der Napf, Hundefutter und eine Decke, das musste alles nicht weniger hübsch arrangiert werden als die Sachen für die menschlichen Gäste. Zu dritt mit Hund in ein Zimmer, dachte ich, wieso kommen sie nicht gleich zu elft? Ich könnte auch das ganze Zimmer in ein einziges Matratzenlager verwandeln, so wie man es aus Berghütten kennt. Ob ich den Hotelmanager auf die Idee bringen sollte? Buchen Sie Berghütten-Zauber mitten in Berlin, zum Vorzugspreis für zweihundertneunzig Euro die Nacht, ein Käsefondue inklusive. Obwohl: Ich wollte gerne auf die Erfahrung verzichten, wie es in solchen Zimmern am Morgen danach riecht.

In der 702 ließ ich das Bett auf den Boden knallen, drückte es in die Ecke und rannte ins Office zurück, um Bettzeug, Handtücher und die Sachen für den Hund zu holen. Das Handy piepte schon wieder. Wo war die verdammte Hundedecke? Ich raffte das Bettzeug, angelte nach dem Hundenapf und sprintete wieder zum Zimmer zurück. Inzwischen war mir so warm, dass es hinter meinen Schläfen pochte. Handtücher ordentlich hinhängen, Kopfkissen klopfen, die Tagesdecke richtig falten, Hundedecke ausbreiten, Trockenfutter.

Ich habe sicher nicht mehr als zwanzig Minuten gebraucht, bis ich fertig war und dem Empfang meldete, dass das Zimmer nun beziehbar sei. Und was kam von unten als Antwort auf den ganzen Stress? Womit wischte diese braungebrannte Blondine mit den gebleachten Zähnen allen Sinn meiner Arbeit hinweg? »Hat sich erledigt, wir haben ihnen die Junior-Suite gegeben. Hat zu lange gedauert.« Kein »Entschuldigung«, nicht mal ein »Sorry«, stattdessen jede Menge Vorwurf in der Stimme. »Zu lange gedauert«, Betty hatte das wirklich gesagt. Ich verspürte Lust, nach unten zu rennen, sie an ihren perfekt frisierten Haaren zu packen und nach oben in die siebte Etage zu zerren, um sie das Zustellbett aus Zimmer 702 wieder wegräumen zu lassen.

Sie wusste natürlich genau, dass ich den ganzen Mist jetzt mit dem gleichen Aufwand wieder zurückräumen musste, weil in der 702 nun kein Dreier und auch kein Hund übernachten würde.

Ich ließ mir beim Wegräumen etwas mehr Zeit. Ich war zu schwach, meine Arme zitterten und die Wut war einfach zu groß. Wie. Konnte. Sie. Das. Wagen. In solchen Momenten passieren Unfälle, dachte ich. Aber es passierte keiner, stattdessen war eine halbe Stunde später alles wieder so, als hätte es den Zwischenfall nie gegeben.

Dafür bekam ich kurz darauf den nächsten Anruf der gebleachten Kollegin vom Empfang: »In der Junior-Suite sind nicht genügend Handtücher. Und das Hunde-Treatment fehlt auch. Ich dachte eigentlich, du denkst mit.«

Selbstbeherrschung ist mit das Erste, was man im Hotel lernt. Werde nie, nie, nie wütend oder aufbrausend oder zickig oder laut und schon gar nicht alles zusammen.

Ich bin ohnehin kein lauter Typ, niemand, der gerne mit möglichst viel Krach auf sich aufmerksam macht.

Und bei der Arbeit hätte ich es erst recht nicht gewagt, Krawall zu schlagen.

»Willst du mich verarschen?« Es war mir leise herausgerutscht, eher gemurmelt und zu mir selbst gesprochen. Ich war wütend genug, um meine Disziplin für den Bruchteil einer Sekunde zu vergessen.

Auf der anderen Seite vernahm ich nichts, und weil ich auch nicht wusste, was es jetzt noch zu sagen gab, legte ich einfach auf.

Es war klar, dass das ein Nachspiel haben würde. Vielleicht schon sehr bald, dachte ich, und war darauf gefasst, dass mein Telefon noch einmal klingeln und mich jemand aus der Rezeption nach unten beordern würde. Aber das Telefon blieb den Rest des Tages ruhig.

Stattdessen nahm mich eine Woche später Frau Gabriel zur Seite. Sie erzählte mir, dass die Empfangschefin mit ihr gesprochen hatte: »Schmeißen Sie die K. raus«, hatte die nur gesagt. Keine weitere Erklärung. Frau Gabriel wollte von mir wissen, was passiert war. Ich erzählte es ihr. Als ich fertig war, nickte sie nur. Sie warf mich nicht raus.

Sie brauchte es auch gar nicht. Ich wollte eh weg von hier. Weg von dem Ort, an dem Luxus auf Kosten derer ermöglicht wird, die ihn sich niemals würden leisten können: ein Fünf-Sterne-Hotel, das Zimmermädchen bezahlt wie Tagelöhner und das Praktikanten einstellt, die ein ganzes Jahr lang bleiben und die dabei nichts oder fast nichts verdienen. Das passt einfach nicht zusammen.

Bevor ich jetzt zur Klassenkämpferin wurde, würde ich es erst mal mit einem Jobwechsel versuchen. Am besten weit weg, am besten irgendwo, wo es keine Fremdfirmen gab. Ich hatte mich umgesehen. Bald würde ich auf einem Schiff anheuern, vielleicht brachte mir das ja genügend Abstand zur Berliner Fünf-Sterne-Welt.

Die Empfangschefin habe ich in den letzten Wochen noch ab und zu gesehen. Ich habe sie jedes Mal allerhöflichst gegrüßt. Auch die Gebleachte grüßte ich bis zum letzten Tag so freundlich, wie es irgend ging.

Neu waren die kleinen roten Pusteln, die ich eines Morgens plötzlich auf meinen Händen und meinen Unterarmen entdeckte. Rechts und links. »Stärke-Allergie«, sagte Frau Gabriel, als ich ihr meine Arme zeigte. Sie war nicht überrascht. Man wäscht die Bettbezüge und Laken mit Stärke, damit sie weniger Falten werfen. Im Privaten gebraucht man Stärke seit ungefähr einer Generation nicht mehr, aber im Hotel hat sie überlebt. Wie so einiges, was sich anderswo längst schon überlebt hat.

Wenn es wirklich eine Stärke-Allergie war, dann hatte sie mich, was für ein merkwürdiger Zufall, zum idealen Zeitpunkt erwischt. Es würde eh bald Schluss sein mit Stärke.

An meinem letzten Tag im Royal waren Nadine und ich allerbester Laune. Wir checkten die Zimmer zu zweit, was wir sonst nie machten, und fotografierten uns gegenseitig: auf den Betten liegend, mit Staubschwert, im Badezimmer, auf dem Teppich. Wir machten uns lustig über das Hotel. Zum allerersten Mal.

Aber wir achteten darauf, dass dabei nichts zu Bruch ging und dass am Ende eines jeden Fotoshootings die Stühle wieder ordentlich auf der Teppichkante standen.

Willkommen an Bord

Meine Mutter war begeistert, als ich ihr die Idee mit dem Schiff erzählte. Sie selbst war mit achtzehn aus einem Städtchen mit fünfzigtausend Einwohnern nach Berlin gezogen. In ihrer Studentenzeit war sie viel unterwegs gewesen und nun freute sie sich, dass ich mich jetzt auch mal ins Ausland wagte.

Mein Englisch war damals gerade mal akzeptabel und mein Französisch reichte höchstens aus, um einen Milchkaffee zu bestellen. Noch reizvoller als die Idee, in andere Länder zu kommen, fand ich es, auf einem Schiff zu arbeiten. Ich kannte Passagierschiffe nur aus dem Fernsehen. Die Achtziger-Jahre-Serie »Das Traumschiff« hatte es mir angetan, als ich fünf oder sechs war. Ich sah die Serie auf der Couch mit meinen Eltern. Meine Vorstellung von einer heilen Welt hatte ziemlich viel mit diesen weißen Luxuslinern zu tun, die über die Weltmeere fahren.

Natürlich war mir klar, dass das richtig Arbeit wird. Aber irgendeine für den Selbstbetrug zuständige Hirnregion sagte mir, dass ich dauernd in schicker Garderobe übers Deck flanieren und einen Sundowner nach dem nächsten trinken würde. Die fürs Finanzielle zuständige Hirnregion meldete sich auch: Im Royal verdiente ich neunhundert Euro netto, auf so einem Schiff sollten es tausenddreihundert Euro sein. Dass ich dafür auch erheblich länger würde arbeiten müssen, verdrängte ich lieber.

Meine neue Chefin, sie hatte das Schiff gechartert und führte die Firma mit ihrem Mann, hat mich im Vorstellungsgespräch keinesfalls betrogen: Sie sagte mir, wann ich Pause haben würde – zweieinhalb Stunden am Nachmittag –, und den Rest konnte ich mir selber denken. Der Rest war Arbeit. Gearbeitet wurde an sieben Tagen in der Woche.

Und so kam es, dass ich auf der *Morgentau* anheuerte, einem deutschen Flusskreuzer, auf dem gerade mal vierundzwanzig zumeist wohlhabende Gäste Platz fanden. Die erste Route sollte nach Paris gehen. Paris!

Eine »Allround-Stewardess« hatten sie gesucht, so stand es in der Stellenanzeige im Internet. Das hörte sich besser an als »Mädchen für alles«. Waren Stewardessen nicht diese engelsgleichen Wesen, für die ich im Royal die Zimmer machte? Vielleicht stand mir ja doch ein Karriereschritt bevor? Konnte es nicht sein, dass es einfach nur ein ganz, ganz toller Job sein würde? Ich war zu allerhand Optimismus bereit.

Meine Mutter fuhr mich in ihrem roten Fiat 500 zum Bahnhof Zoo und verabschiedete mich so herzlich, dass ich am liebsten gesagt hätte: »Ach, Mama, ich bleibe hier.« Aber sie war so stolz auf mich, und dieses Gefühl gönnte ich ihr.

Die *Morgentau* versprach »höchsten Luxus auf kleinstem Raum«, so nannte die Chefin ihr Konzept. Auf dem

Hauptdeck befanden sich Bar, Restaurant, Küche und ein Außenbereich mit Pool und Terrasse für den Cocktail am Abend, darüber lag das Oberdeck mit sechs Kajüten und ganz oben war das Sonnendeck. Wände und Mobiliar waren im gleichen Farbton gehalten, Nussholz massiv. In den Ecken standen goldene Lampen und mit leuchtenden Stoffen bespannte Clubsessel, hinter der Bar glänzten Gläser, und das Tischtuch auf dem Buffet war so weiß, dass es schwer fiel, es mit Rühreikrümeln und Kaffeeflecken in Verbindung zu bringen. Auf das Sonnendeck mit vierundzwanzig Liegestühlen gelangte man über eine Wendeltreppe. Hier sah es tatsächlich ein bisschen so aus wie bei Sascha Hehn, dem Chefsteward meiner Kindheit.

Die übrigen sechs Kajüten lagen unter Deck und waren wie die oberen nach europäischen Häfen benannt. Es gab außerdem eine für die Chefs, eine für den Koch und seinen Gehilfen, und eine für Eva, die zweite Allround-Stewardess, und mich. Unser Zimmer war nicht nach einem Hafen benannt, es hieß »Personal I«.

Als mir Helga, die Chefin, unsere Kajüte zeigte, in der ich die kommenden acht Monate gemeinsam mit Eva schlafen würde, musste ich lachen.

Als die *Morgentau* vor einem Jahr in Berlin anlegte, stattete ich ihr mit meinem Freund einen Besuch ab. Ich wollte sie ihm zeigen, in einer Mischung aus Masochismus und Stolz: Schau her, hier habe ich es so lange ausgehalten. Er war tief beeindruckt von der Koje, die sich damals mein Bett nannte. »Du veräppelst mich«, wiederholte er immer wieder, weil er es entweder nicht glauben wollte oder es tatsächlich nicht glauben konnte, dass wir es auf so kleinem Raum zu zweit aushielten.

Waren es acht Quadratmeter? Oder doch neun? In jedem Fall war es wenig Platz für zwei Frauen, die auf eine gepflegte Garderobe Wert legten – und Wert legen sollten. In dem Raum, dessen peinliche Sauberkeit mir sofort angenehm auffiel, stand ein Etagenbett aus massivem Holz, und weil auf dem unteren Bett ein paar Lockenwickler lagen, warf ich einen skeptischen Blick auf die obere Etage. Im Reckturnen war ich nie sonderlich gut gewesen.

Zwischen Bett und Tür war ein Einbauschrank, der an Land nicht mal für eine Person gereicht hätte, außer für einen Soldaten in der Kaserne vielleicht. Ich verstand sofort, warum meine neue Mitbewohnerin die Trittleiter des Etagenbetts als Kleiderstange nutzte. Den Rest, den wir so brauchten, Schminktaschen, Schuhe und Glätteisen, verteilten wir auf dem Boden. Ins Bad passte all das nämlich nicht mehr. Um dorthin zu gelangen, mussten wir unsere Schritte jedenfalls sehr gezielt setzen. Nie wurde meine Motorik besser geschult als in dieser Kajüte. Ich hätte danach sicher auch als Seiltänzerin auftreten können, bin mir aber nicht sicher, ob Seiltänzerinnen besser bezahlt sind als Hotelfrauen.

Gleich neben unserem Zimmer waren die Service-Räume. Hier stapelten sich Handtücher und Laken. Dort stand auch ein mir bislang unbekanntes Gerät, eine ziemlich große Wäschemangel, die ich erst mal mit großen Augen ansah. Ich kenn dich zwar nicht, sagte ich zur Mangel, aber wir beide werden sicher noch viel Spaß haben.

Ich kam an einem Samstag an, als bereits alle Gäste

ausgecheckt hatten. Die neuen würden erst Sonntag zusteigen. Noch am ersten Abend machte mir meine neue Kollegin Eva, sie kam aus Bulgarien, ziemlich unmissverständlich klar, dass ich mich besser nicht auf eine Dauerparty einstellen sollte. Eva war groß, dunkelhaarig und fünf Jahre älter als ich. Sie war schon die dritte Saison auf dem Boot, und während wir zu zweit unsere Begrüßungspizza aßen, wollte sie keine Zeit verlieren, mich über das Leben an Bord aufzuklären.

In ihrem Briefing kam ziemlich oft der Name Helga vor. Helga macht dies, Helga macht jenes, Helga ist ganz furchtbar, vor Helga muss man sich hüten. Ihre Pizza Margherita wurde kalt, aber das kümmerte sie nicht. Helga. Im Vorstellungsgespräch war sie mir weder sympathisch noch unsympathisch gewesen, eine Frau um die fünfzig, mit kurzem, drahtigem Haar und einer Haut, die aussah, als habe sie schon die sieben Weltmeere bereist, mehrfach, auf dem Sonnendeck, gebräunt und faltig. Joachim, ihren Mann und Schiffskapitän, würde ich erst morgen kennenlernen, aber ich hatte bisher nicht das Gefühl, in der Höhle eines grausamen Löwen gelandet zu sein.

Die Route führte die *Morgentau* kreuz und quer durch Europa, über Flüsse, Kanäle und Seen. Die Gäste blieben meist eine Woche. Ich war erleichtert, dass die meisten von ihnen deutsch sprachen, denn ich traute meinen Fremdsprachenkenntnissen wirklich nicht über den Weg.

Beim Einschiffen, so hieß das, wenn neue Passagiere kamen, hatte ich tatsächlich das Gefühl, mich selbst in einer Fernsehserie zu sehen: Wir standen an der Reling, winkten den Ankommenden zu und strahlten sie an. »Willkommen an Bord, Frau Bredemeyer, Herr Bredemeyer, hier geht es lang.«

Da kam viel Grau über die Brücke, manchmal etwas lilastichig, in jedem Fall äußerst gut gepflegt. An einem Sonntag im September stach ich also mit vierundzwanzig gut betuchten deutschen Rentnern in See und nahm Kurs auf Paris.

Es gab zwei Schichten auf der *Morgentau*: die Früh- und die Spätschicht. Eva und ich wechselten uns ab. Hatte sie Frühschicht, konnte ich eine Stunde länger schlafen und musste dafür abends länger arbeiten und umgekehrt. Ich begann mit der Frühschicht. Ich stand um halb sechs auf und bemühte mich, Eva nicht durch ungewolltes Anstoßen der im Zimmer herumliegenden Gegenstände zu wecken. Ich stieg in die kleine Dusche, drehte das heiße Wasser auf und schloss die Augen.

Als mich der eiskalte Strahl aus dem Duschkopf traf, konnte ich einen Schrei der Überraschung nicht unterdrücken. Mit einem Satz war ich wieder draußen aus der Dusche, nicht ohne mir dabei den Kopf zu stoßen, und hörte Eva im Zimmer lachen. »Warmes Wasser gibt's erst, wenn der Generator läuft!« Sie kicherte immer noch. Der Generator? »Der Generator?« »Ja, die Strommaschine. Macht Joachim erst um sieben an.« War das zu fassen? Ich verzichtete an diesem Morgen auf eine Dusche und schwor mir, zum Abendduscher zu werden. So wie die Männer im Royal.

Meine erste Aufgabe: Brötchen holen. Wir lagen in einer Kleinstadt am Rhein. Tags zuvor waren wir von

Köln aus gestartet und ich hatte beim Ablegen dem Dom nachgeschaut. Wo war hier ein Bäcker? Als ich mir das Klapprad vom Sonnendeck holte und über die Reling hievte, hatte ich keinen blassen Schimmer, wohin ich fahren sollte. Um diese Zeit war noch niemand unterwegs, und es waren auch keine anderen Boote in der Nähe. Ich hatte Anfängerglück: Schon nach ein paar hundert Metern sah ich am Marktplatz ein leuchtendes Bäckereischaufenster. Es war ein sehr friedvoller Moment, es roch nach Wochenende, nach gemütlichem Zusammensitzen mit Freundinnen oder meiner Mutter. Ich kaufte dreißig helle und dreißig dunkle Brötchen, dreißig Hörnchen und vier Baguette. Es war gar nicht so einfach, die Tüten auf dem Klapprad in zwei Satteltaschen wieder zum Boot zu bringen. Ich war sehr stolz, dass ich nichts verlor.

Als ich zurückkam, wartete auf dem Schiff schon Joachim auf den ersten Kaffee. Er war ein gemütlicher Typ, groß und breit gebaut. Er half mir mit dem Rad und schaute dabei zu, wie ich die Kaffeemaschine bediente. Er nahm dankbar die erste Tasse, nicht ohne genau einen halben Teelöffel Zucker zu verlangen. Mit der Tasse in der Hand verzog er sich in Richtung Büro. Das sollte unser Morgenritual werden. Bald war ich eine Meisterin darin, ihm die exakte Menge Zucker in den Kaffee zu kippen.

Jetzt trank auch ich eine halbe Tasse Kaffee – ich wusste ja nicht, dass das bis zur Nachmittagspause die einzige Gelegenheit sein würde. Ich bereitete das Buffet vor und fühlte mich ein bisschen wie damals im Central: Brot schneiden, Eier braten, die Platten anrichten. Mich wunderte, dass der Koch sich nicht blicken ließ. Wenigstens erschien nach einer Weile sein Assistent und ging mir zur Hand.

Während die Gäste noch mit den Brötchen krümelten, setzte sich die *Morgentau* in Bewegung. Ein leichtes Schwanken machte sich bemerkbar und kurz überlegte ich, wie es wohl sein würde, einen Teller heiße Suppe rauszubringen, wenn draußen schlechtes Wetter war.

Gegen elf tauchte der Koch Hendrik auf, um die Salate für das Mittagsbuffet vorzubereiten. »Mach Platz, ich muss arbeiten«, raunzte er mich zur Begrüßung an, als seien wir alte Kollegen, die sich seit Jahren nicht ausstehen können. Sein Ton wurde nie viel freundlicher. Nach dem Frühstück deckte ich die Tische für das Mittagessen und versuchte, die Servietten in eine präsentable Form zu falten. Eva war derweil unter Deck damit beschäftigt, die Zimmer zu säubern und die Wäsche in der Mangel plattzuwalzen.

Um Punkt zwei Uhr, als die Gäste mit dem Essen fertig waren und sich draußen auf dem Deck verteilten, fiel ich ins Bett. Ich schlief, als sei es tiefe Nacht. Als ich um kurz nach vier aufwachte, dauerte es ein paar Sekunden, bis ich wusste, wo ich war und warum. Um halb fünf ging es weiter. Ich fühlte mich noch müder als vor dem Nachmittagsschlaf.

Auf der *Morgentau* habe ich mehr Kuchengabeln, Buttermesser und Saucenlöffel poliert als jemals zuvor, drehte sich doch der Tag der Gäste im Rhythmus der Nahrungsaufnahme. Ab dem Mittagessen tranken sich die ersten dem Aperitif entgegen, die anderen gingen nahtlos zum

Kuchen über und bestellten sich um fünf noch »etwas Kleines« aufs Sonnendeck, bevor sie dann gegen halb sieben schon fix und fertig fein gemacht auf das Abendessen warteten, das nie weniger als vier, manchmal fünf oder sogar sechs Gänge hatte. Es schien mir, als äßen sie in einem fort. Es war wie eine nicht enden wollende Familienfeier mit lauter Onkel und Tanten.

Einmal verschwand Eva hinter der Bar, und ich fragte mich, was sie da zu schaffen hatte. Sie kam mit einem gefüllten Colaglas zurück. Es dauerte eine Weile, bis ich feststellte, dass es Rotwein war. Ich merkte mir den Trick.

Gegen zehn Uhr am Abend, als nur noch ein Paar im Restaurant am letzten Glas Wein nippte, schnappten Eva und ich uns auch einen Teller. »Mensch, du bist so geizig«, schimpfte sie mit Hendrik, der uns verschlagen angrinste. »Der kocht extra nur so viel, wie die Gäste brauchen, und wir kriegen nichts ab.«

Hendrik war der wahrscheinlich hässlichste Mensch, den ich bisher in meinem Leben gesehen hatte. Er hatte Augen wie ein erstickender Fisch, und es sah aus, als habe er einen Buckel, dabei hielt er sich nur schlecht. Ein Jahr zuvor hatte er erfolglos versucht, sich Eva zu nähern, und seither rächte er sich an allen Frauen an Bord. Es wäre schön gewesen und für alle eine Erleichterung, dachte ich, wenn sich mal eine seiner erbarmte. Aber hier auf dem Schiff war in dieser Hinsicht nichts zu erwarten, und so war klar, dass sich seine Laune wohl nicht bessern würde.

Eva kratzte in einem riesigen Suppentopf herum und verteilte die Reste geschwisterlich auf unsere Teller.

»Da müsst ihr halt eher kommen, ihr Bauerntrampel«, sagte Hendrik. Eva ignorierte ihn, und ich tat es ihr nach. Halbkalte Kürbissuppenreste mit einem Stück Baguette im Stehen in der winzigen Schiffsküche. Es hat klasse geschmeckt.

Es wurde elf Uhr, bis Eva und ich uns nun beide mit einem Glas Wein aufs Sonnendeck verzogen. Unter uns plätscherte der Fluss. Kein Gast würde jetzt noch hier heraufkommen, Helga und Joachim waren schon im Bett und Hendrik hätte sich mal hier hinaufwagen sollen. Wenigstens das hatte er verstanden: Wer gehässig ist, darf abends nicht mittrinken.

Ich habe später nachgerechnet: Im Schnitt habe ich knapp hundert Stunden pro Woche gearbeitet. Zweieinhalb mal so viel wie ein normaler Angestellter. Mehr als Manager, die mit Achtzig-Stunden-Wochen prahlen, von denen sie sicher die Hälfte zumindest körperlich geruhsamer zubringen als ich. Ich kam auf einen Stundenlohn von etwas mehr als drei Euro – weniger als die Zimmermädchen im Royal, die zwei Euro fünfzig für ein Zimmer bekamen und zumeist zwei davon in einer Stunde schafften. Als mir das klar wurde, hätte ich mich fast an meinem abendlichen Rotwein verschluckt. In meinem Arbeitsvertrag stand etwas von einer Vierzig-Stunden-Woche, mit dem Zusatz, dass Überstunden nicht ausgeglichen oder bezahlt werden. So gesehen hatte also alles seine Ordnung.

Ich war im Dauereinsatz. Jeden Tag. Zu jeder Zeit. Es gab keine Möglichkeit für uns, uns zurückzuziehen, dazu war das Boot viel zu klein. In den zweieinhalb Stunden

Pause am Nachmittag versuchten wir, ein bisschen Schlaf nachzuholen. Saßen wir kurz für eine Zigarette auf dem Sonnendeck, kam unter Garantie ein Gast vorbei und wollte einen Plausch halten, stand man nur sekundenlang am Bullauge in der Wäschekammer, kam mit Sicherheit Helga und fragte, ob man denn schon mit den dreißig Laken fertig sei. Ich fing nach ein paar Wochen an, abends Espresso zu trinken. Erst nur einen, später einen doppelten und bald schon einen vierfachen, um noch die Augen offen zu haben, wenn der letzte Gast sein Dessert bekam.

Wir arbeiteten nicht nur rund um die Uhr, wir wurden auch rund um die Uhr beobachtet. Helga hatte ihr kleines Büro direkt hinter dem Restaurant. Dummerweise konnte sie durch eine Glasscheibe sehen, was im Restaurant vor sich ging. Den ganzen Tag hatte sie also, wenn sie wollte, freie Sicht auf Eva und mich. Und sie wollte. Und sie entdeckte ständig etwas, das ihr missfiel. Schenkte ich den Gästen nicht schnell genug Wein nach, konnte es passieren, dass sie persönlich nach der Flasche griff und zu den Gästen eilte, weil: »… das kann man ja nicht mit ansehen«. Schenkte ich schneller nach, war ich für ihren Geschmack zu freigiebig mit den Getränken, die die Gäste, weil sie ja all-inclusive gebucht hatten, nicht extra zahlen mussten. »Ich muss den Wein zahlen, nicht du.« Das wäre ja auch noch schöner, dachte ich.

Für Eva war der Fall eindeutig: »Die ist eifersüchtig.« Wir saßen wieder oben auf dem Deck und betrachteten eine dieser wunderschönen südfranzösischen Kleinstädte, deren Namen ich immer sofort wieder vergaß, sobald wir abgelegt hatten. Ich bin in Berlin aufgewachsen. Bis ich sechs war, stand die Mauer. Ich hatte ganz eindeutig ein Nachholbedürfnis für städtebauliche Schönheit. Sollte man nicht beim nächsten Halt an Land gehen und für immer bleiben? Eva und ich phantasierten häufig davon. Wir gründeten in Gedanken deutsche Bäckereien und bulgarische Restaurants, ohne wirklich backen oder kochen zu können (Hendrik wollten wir trotzdem nicht in unsere Aussteigerpläne einweihen) und ohne zu wissen, ob südfranzösische Kleinstädte überhaupt auf so etwas warten. Egal.

»Joachim hat heute zu lange mit der Frau Bieber geplaudert.« Ich musste lachen. Frau Bieber war sicher eine nette Dame, aber keinesfalls der Typ Frau, auf den man so ohne weiteres eifersüchtig sein musste. Aber Eva hatte sicher recht. Joachim wäre wohl gerne ein »homme à femmes« gewesen. Er versuchte jedenfalls, jederzeit charmant zu sein, half ihnen in die Jacken, erkundigte sich nach ihrem Befinden und erzählte kleine Kalauer. »Parlez-vous Pommes frites?« und solche Späße. Besonders gerne flirtete er mit den jüngeren Gästen (die waren Ende fünfzig), und auch wenn er es nicht auf ein Abenteuer anlegte, so war Helga doch durch jeden Flirt ihres Mannes ein klein wenig gedemütigt. Den Frust, der daraus erwuchs, so Evas Theorie, ließ sie dann an ihren beiden Allround-Stewardessen aus, die ihr ja nicht entkommen konnten, es sei denn, wir hüpften in voller Montur ins Kanalwasser. Und das war eher trübe.

Tatsächlich mochten Eva und ich Helgas Mann. Er war ausgeglichen, machte auch mit uns seine mittelguten

Späße, und wenn er uns mal in den Arm nahm, was er bei seiner Frau nie tat, zumindest wurde dergleichen in meiner Zeit auf dem Schiff nicht beobachtet, fanden wir nichts dabei. Es war eher ein väterliches In-den-Arm-Nehmen, kein lüsternes An-sich-heran-Drücken. Das kann man schon mal durchgehen lassen, fanden wir. Und ein bisschen Halt kann ja auch nicht schaden.

Wir hatten vor allem Rentner an Bord, wohlhabende, zumeist westdeutsche Rentner von der Sorte, für die die Tourismusindustrie eigens Begriffe wie »Best Ager« oder »Silver Ager« erfunden hat. Wir hätten ihre Enkelinnen sein können, und sie bekamen jeden Tag mit, wie viel und wie lange Eva und ich arbeiteten. Ein Ehepaar schenkte uns gleich in der ersten Woche eine Flasche Rotwein. Manche steckten uns nicht unerhebliche Trinkgelder zu, mal einen Fünf-Euro-Schein, einen Zehner oder sogar noch mehr. Manche, die mochten wir besonders, achteten sogar darauf, dass Helga es nicht bemerkte.

Erstaunlicherweise hielten sich die Annäherungsversuche der älteren Herren sehr in Grenzen, sogar dann, wenn sie ohne Ehefrau unterwegs waren. Entweder weil der Drang, jungen Frauen nachzustellen, jenseits der fünfundsiebzig doch langsam erlahmt, oder, und das ist wohl wahrscheinlicher, weil das Schiff nicht genügend uneinsehbare Ecken bot, um mit Eva oder mir unbemerkt zu flirten oder uns nach Altherrenart auf den Hintern zu hauen.

Die einzige Hand, die sich gelegentlich auf meinen Hintern verirrte, war die von Eva. Sie war wirklich sehr touchy: Po, Wange, Hand oder Arme, sie tätschelte alles. In den ersten Tagen hatte ich Angst, sie könnte an Frauen interessiert sein, was den Aufenthalt in unserer Kajüte sicher nicht einfacher gemacht hätte. Aber ziemlich schnell konnte ich beobachten, dass sie nicht nur mich, sondern so gut wie alle an Bord hin und wieder betätschelte: die Omis (denen das sichtbar gut gefiel) und sogar manche Opis (denen das noch besser gefiel). Nur Helga wurde von Evas Liebkosungen konsequent ausgespart. Interessant war zu sehen, dass die älteren Herren sich nicht dafür revanchierten, indem sie Eva zurücktätschelten. Vielleicht, dachte ich, ist offensives Auf-die-Wange-Tätscheln ja auch eine gute Waffe, um sich Männer um die siebzig vom Hals zu halten. Wen man behandelt wie einen harmlosen Alten, der fühlt sich vielleicht tatsächlich wie ein solcher und nicht mehr wie ein knackiger Kerl, dem die Frauenwelt noch immer zu Füßen liegt.

Eva und ich waren im Wechsel für die Sauberkeit der Kajüten und der Wäsche zuständig. Zum Glück waren die Kajüten nicht groß – auch die Gäste mussten sich mit einem handtuchgroßen Raum begnügen, der aber mit dem großen Bullauge und der Nussholzverkleidung sehr gemütlich wirkte. Die Kunst bestand für uns darin, den Gegenständen der Gäste auszuweichen und zu putzen, ohne sie durcheinander zu bringen. In den Badezimmern standen hier häufig kleine 4711-Flaschen. Daran vergriff sich niemand.

Herr Krämer, der mit einem befreundeten Ehepaar für eine Woche gebucht hatte, führte eine Tube Rei mit sich, die er vom ersten Tag an neben dem Waschbecken positionierte. Schon am zweiten Tag seiner Reise wusste ich, dass er sie auch benutzte. Es war ein Schlechtwettertag, die Gäste saßen drinnen im Restaurant, lasen oder tranken Kaffee.

Die Bullaugen in den unteren Kajüten ließen sich zwar öffnen, aber wir hatten den Gästen schon mehrfach eingeschärft, davon nur Gebrauch zu machen, wenn das Schiff im Hafen lag. Auch auf Flüssen konnten schließlich manchmal Wellen kommen. Leider hielten sich immer wieder Gäste nicht an unsere Bitte. Auch Herr Krämer hatte offenbar – eigentlich ja sehr in meinem Sinne – ein Herz für frische Luft. Denn als ich die Tür zu seinem Zimmer aufstoßen wollte, kam mir eine kräftige Windböe entgegen. Ich stemmte die Tür schließlich auf, schaffte es aber nicht mehr auszuweichen, als mir ein weißer Lappen entgegenflog. Ich bekam ihn mitten ins Gesicht. Es war eine Altherrenunterhose, aus dem Besitz von Herrn Krämer, mit Eingriff und Bein, klatschnass, also immerhin gewaschen.

Krämer hatte einen kleinen Waschsalon im Zimmer eröffnet und überall im Raum Unterwäsche zum Trocknen aufgehängt. Die Unterhose, die mich traf, hing offenbar direkt vor dem geöffneten Bullauge.

Wir fuhren noch immer durch die Camargue. Meine Nachmittagspause wollte ich eigentlich für eine kleine Erkundungstour an Land nutzen, wurde jedoch von einer älteren Dame auf dem Sonnendeck festgehalten. Die Frau reiste ohne Begleitung und tat mir ein bisschen leid, so ganz alleine, umgeben von Ehepaaren kurz vor der diamantenen Hochzeit, die nun geschlossen zum Spaziergang an Land unterwegs waren. Hatte man sie dort oben vergessen?

Wir kamen ins Gespräch. Sie erzählte mir ihr ganzes Leben, oder zumindest fast. Seit zwanzig Jahren war sie Witwe. »Wissen Sie«, blinzelte sie mir zu, »eigentlich war der Tod meines Mannes auch eine Befreiung.« Nicht dass sie ihn nicht geliebt habe, sagte sie, aber wie ich erfuhr, war er ein dominanter Charakter, der ihr in jungen Jahren jede Entscheidung abnahm und sie in nicht mehr ganz so jungen Jahren, als er krank war, voll und ganz als Pflegerin beanspruchte. Glücklicherweise hatte dieser Mann, als er noch bei Kräften war, ordentlich Geld verdient und einen kleinen Pool im Garten anlegen lassen. Diesen Pool nutzte die Dame mit ihren neunundachtzig Jahren noch immer, zwischen Mai und September jeden Morgen vor dem Frühstück. Die anderen Monate, so erzählte sie, begab sie sich auf Reisen, meistens auf einem Schiff wie diesem.

Ich fragte sie, ob es ihr nichts ausmache, so alleine unter Paaren. »Ach die«, sagte sie nur und lächelte. »Alles nur eine Frage der Zeit, dann reisen die auch alleine.«

Ich glaube, ich habe mich noch nie so lange mit einem Gast unterhalten. Normalerweise bleibt der Gast ein mehr oder weniger unbekanntes Wesen, ein Objekt, aus dessen Hinterlassenschaften im zerwühlten Schlafzimmer man versuchen kann, etwas über seinen Charakter abzuleiten. Ein Objekt, das permanent zufriedengestellt werden muss. Mit einem Gast ein längeres Gespräch oder auch nur Small Talk zu führen, war nie vorgesehen. Stattdessen sammelt der Hotelcomputer die unglaublichsten

Daten, speichert, wer zum Mäkeln neigt, wer gerne ein hartes Bett hat und wer ein weiches, wer während seines Aufenthaltes wie oft die Tomatensuppe mit Croûtons gegessen hat, um sie bei der nächsten Buchung gleich am ersten Abend wieder zu empfehlen.

Bevor ich meinen Vorsatz, von nun an hin und wieder mit alten Damen auf dem Sonnendeck über ihre Verblichenen zu reden, in die Tat umsetzen konnte, kam mir Helga dazwischen, da ihr meine Mittagspause natürlich nicht entgangen war. Kaum war die alte Dame wieder nach unten gegangen, hörte ich Helga rufen. »Anna! Anna, kommst du mal bitte ins Büro?« Ich gehorchte, wenn auch ohne Eile. Ich wusste ja, was nun kommen würde.

»Ich wünsche es nicht, dass die Gäste denken, wir würden hier Sommerurlaub machen.« Sie kniff die Augen zusammen, als könne sie mich nicht mehr sehen. »Ich wünsche nicht, dass ihr die Gäste mit euren Geschichten belästigt.« Was meinte sie damit? Wenigstens hatte sie uns offenbar nicht belauscht. Sie klopfte mit der Rückseite des Kugelschreibers auf die Platte ihres Schreibtisches. »Ich wünsche nicht, dass ihr oben herumhängt, verstanden?«

Verstanden, jawoll! Obwohl: nein, gar nicht verstanden. Warum war es ihr so wichtig, dass wir nicht mit den Gästen plauderten? Wollte sie zeigen, dass nur die Chefin Zeit hat zum Small Talk? Oder dass sie ohnehin die viel interessantere Gesprächspartnerin war? Oder hatte sie Angst, dass wir den Alten unser Leid klagten? Ganz ehrlich: Auf so einen Gedanken wäre ich nie gekommen.

Zwei Wochen später, es war ein heißer Tag, so heiß,

dass mir der Schweiß schon morgens den Rücken hinunterlief, fragte ich Helga, ob ich nicht ausnahmsweise in Polo-Shirt und kurzer Hose arbeiten dürfe. Gnädig erlaubte sie mir, die Bluse und die lange Hose im Schrank zu lassen, musste das aber schon wenig später sehr bereut haben, denn sie schlich so lange um mich herum, bis sie endlich fand, was sie suchte: den Fehler, für den sie mich maßregeln konnte. Sie entdeckte das Piercing in meinem Bauchnabel, als ich mich reckte. Statt mich sofort zu sich zu zitieren, wartete sie diesmal ab, bis ich meine Arbeit erledigt hatte, und behauptete, während ich die Kaffeegedecke in die Küche trug, die Gäste hätten sich über mein Piercing beschwert. »Ja, sicher«, dachte ich. »Ich wette, die haben es nicht einmal gesehen. Und wenn, haben sich sicher die Männer beschwert, die sich ja traditionell immer über zu viel weibliche Haut beschweren.«

Ich schwieg auch diesmal. Aus Feigheit? Oder weil es mir einfach zu blöd war, auf so etwas zu antworten? Oder schlicht aus Gewohnheit? Hatten sich diese ganzen Hierarchien und Regeln schon so in mein Hirn eingebrannt?

Tatsächlich hatte sich diese Strategie vor allem im Royal als die beste erwiesen: Klappe halten, Ärger mit nach Hause nehmen und dort möglichst schnell vergessen. Aber auf dem Schiff gab es ja kein Nach-Hause-Gehen. Man war immer da, Tag und Nacht. Es war klar, dass sich bald etwas ändern würde. Ich musste endlich anfangen, mich zu wehren.

Rasch hatte ich Anlass, meine neue Strategie der Wehrhaftigkeit auch umzusetzen. Ich hatte es doch tatsächlich gewagt, im Gäste-Außenbereich eine zu rauchen, und

– schlimmer noch – war nicht sofort aufgesprungen, als die Gäste vom Kaffeetrinken dazu kamen. Tatsächlich war ich vor allem deswegen nicht aufgesprungen, weil ich wusste, wie die Gäste dann reagiert hätten: »Ach, musst doch nicht aufhören wegen uns, bleib doch noch, rauchen wir eine zusammen.« Aber das hätte ich mir nicht leisten können, ich wollte tatsächlich rasch weiterarbeiten.

Helga hatte kein Ohr für derart detaillierte Erklärungen. »Komm mal mit hier hoch.« Vor den Augen der Gäste folgte ich ihr aufs Sonnendeck. Sie stampfte entschlossen vor mir her bis zum äußersten Ende vom Deck und hielt sich mit einer Hand an der Reling fest, als habe sie Angst, das Gleichgewicht zu verlieren, so aufgebracht wie sie war. Schweiß lief ihr über die Schläfen. Wir fuhren gerade durch die Gegend von Arles und an uns vorüber zogen kleine Dörfer. Wir kreuzten Ausflugsboote und motorisierte Gummiboote, aus denen uns manchmal vergnügte Familienväter zuwinkten. Helga hatte gerade keinen Blick für die Umgebung. »Ich will dir jetzt mal was sagen, du unverschämtes Ding«, hob sie an, in einer Lautstärke, die beachtlich war. »Was glaubst du eigentlich, wo du hier bist?«

Automatisch wich ich einen Schritt zurück. Und dann geschah etwas Ungewöhnliches. Ich fühlte eine Wut in mir aufsteigen, die ich so nicht kannte. Meine Augen füllten sich mit Tränen – aber diesmal nicht mit Tränen der Verzweiflung. Mein Kopf verwandelte sich in einen knallroten Ballon und meine Stimme überschlug sich, aber es musste raus. Endlich musste das alles mal raus.

»Was fällt Ihnen eigentlich ein?«, schrie ich sie an.

»Sie kriegen doch mit, wie wir uns hier von morgens bis abends den Arsch aufreißen. Sie wissen doch, dass der Laden hier ohne mich und Eva nicht laufen würde, und trotzdem behandeln Sie uns wie den letzten Dreck. Dabei braucht Ihr verdammtes Schiff uns und nicht wir das scheiß Schiff.« Ich sagte wirklich »scheiß Schiff« und klammerte mich jetzt auch an die Reling. »Wenn Sie so weitermachen, dann bin ich ganz schnell weg, aber so was von ganz schnell. Meine Mutter und meine Freunde wollen sowieso schon längst, dass ich gehe, weil es hier einfach nicht mehr geht, weil Sie uns auspressen bis zum Letzten und dann auch noch glauben, uns bei jeder Kleinigkeit blöd anschnauzen zu können.« Ich konnte gar nicht mehr aufhören, ich schrie und tobte und kleine Spuckebläschen flogen durch die Luft.

Ich hätte gar nicht so lange schreien und weinen müssen, denn Helga war schon bei meinem ersten Wort erschrocken. Niemand hätte es ihr übel genommen, wenn sie jetzt kalt und hart meine sofortige Kündigung ausgesprochen und mich gebeten hätte, bei der nächsten Gelegenheit das Schiff zu verlassen. Zu meiner Überraschung reagierte sie fast verständnisvoll auf meinen Ausbruch. Als ich endlich schwieg, war mir, als hätte sie mich in den Arm nehmen wollen, um mich zu trösten. Aber danach stand mir nun wirklich nicht der Sinn. Ich meinte es ernst: Entweder es änderte sich etwas auf diesem Schiff oder ich war weg. Ich kniff die Lippen zusammen und sah ihr direkt in die Augen.

Von unten hörte ich ein leises Räuspern. Ich hatte offenbar Zuhörer. Was kein Wunder war, denn weniger als drei Minuten zuvor hatten noch mindestens zehn Gäste mit ihrem Cappuccino im Wind gestanden. Geklatscht hat zwar niemand, aber ich bildete mir ein, dass mir die Gäste, die das Vergnügen hatten, Zeugen des bislang heftigsten Ausbruchs meiner beruflichen Laufbahn zu werden, beim Abendessen noch wohlwollender zunickten als ohnehin. Und das tat gut.

In der Mangel

Abends nach dem Essen war das Sonnendeck immer »unser Sonnendeck«, auch wenn es um diese Uhrzeit eigentlich Monddeck hätte heißen müssen. Wir hatten das Deck für uns, denn die Gäste gingen früh zu Bett. Sicher waren sie müde vom vielen Essen, anders als wir. Ich genoss die Ruhe dort oben. Eva und ich waren beide Stadtkinder, sie war in Sofia groß geworden, und wir hatten keine Ahnung, wie schwarz der nächtliche Himmel sein kann und wie hell die Sterne. Und wie viele Sterne es überhaupt gibt. Mir schien es, als seien in Südfrankreich dreimal mehr Sterne als in Berlin zu sehen. Wenn wir dort oben saßen, konnten wir uns tatsächlich manchmal einbilden, wir seien auf einer Kreuzfahrt unter Freundinnen.

Helga und Joachim duldeten unsere nächtlichen Stunden im Liegestuhl. Sie wussten ja, dass um diese Zeit keine Gäste mehr unterwegs waren und uns beim »Ferien machen« sehen konnten. Wahrscheinlich war ihnen seit meinem Wutausbruch auch klar, dass wir diese Stunden brauchten, um nicht irgendwann erschöpft über die Reling zu kippen. Es kam von nun an sogar manchmal vor, dass wir mit Helga lachten, wenn sie wieder mal beim Versuch scheiterte, eine strenge Blattsalat-Diät zu machen.

Daran, wie voll oder wie leer die Weingläser waren, wagte sie nicht mehr zu herumzumäkeln. Vielleicht hatten wir auch einfach den perfekten Pegel herausgefunden.

Ich trank abends auf dem Sonnendeck ein Gläschen Rotwein, rauchte meine Gauloises Menthol und schrieb pro Abend drei SMS: eine an meine Mutter, eine an Katja und eine an David, meinen Freund, den ich kurz vor meiner Abfahrt in einem Club kennengelernt hatte. Ich schrieb in dieser Reihenfolge. David beteuerte jeden Tag aufs Neue, dass er ohne mich nicht leben könne. Ich fand das übertrieben, natürlich könnte er das, und natürlich könnte ich auch ohne ihn leben. Ich ahnte, dass diese Beziehung langsam zu Ende gehen würde, wenn ich erst wieder in Berlin wäre. Aber noch war ich weit weg und schrieb brav meine allabendliche Beziehungs-SMS.

Meiner Mutter verschwieg ich, anders als David, der genug an sich selbst zu leiden hatte, keineswegs, wie es auf dem Schiff zuging. Anfangs fragte sie immer wieder euphorisch nach dem nächsten Halt »meiner Reise«, wie sie das nannte, aber je ehrlicher ich ihr schrieb, umso besorgter war sie. Bald schrieb ich ihr nur noch, wenn wir etwas besonders Schönes erlebten: wenn wir Eis essen waren in Arles oder Fisch in Avignon.

Irgendwann, als sich meine SMS doch wieder schlimm angehört haben musste, schrieb sie: »Komm sofort nach Hause, Kleine.«

Ich antwortete: »Nee, Mama, geht schon. Mach dir keine Sorgen.«

»Doch, komm bitte zurück. Kauf dir ein Zugticket. Ich bezahle.«

Ich hätte heulen können. Meine Schulfreundinnen machten Erasmus in Barcelona und in Dublin, sie feierten, küssten Männer aus Italien, Norwegen und Chile. Ich hingegen saß nachts auf einem Sonnendeck und zwei Etagen darunter gingen gerade die Siebzigjährigen ins Bett. Aber aufgeben? Das kam nicht infrage. Ich hatte noch nie aufgegeben. Ich würde bleiben, wo ich war.

Manchmal beneidete ich Eva. Sie hatte sich ihr nahezu akzentfreies Deutsch mehr oder weniger selber beigebracht und machte das hier nun schon zum dritten Mal. Sie klagte nie. »Für mich ist das sehr viel Geld«, sagte sie, wenn Hendrik und ich aus unseren Gehaltszetteln Segelflieger bastelten. Ich wusste, dass sie in Bulgarien ihre Großeltern unterstützte und vor der *Morgentau* nie mehr als vierhundert Euro im Monat verdient hatte. Aus reiner Dankbarkeit hätte sie auch sechsundzwanzig Stunden am Tag gearbeitet, wenn das möglich gewesen wäre.

»Was vermisst du am meisten?«, fragte sie mich einmal, als wir beim zweiten Rotwein waren.

»Einkaufen. Ich träume davon, mal wieder über den Wochenmarkt zu gehen. Blumenkohl kaufen und zu Hause kochen. Nur für mich.«

»Und deinen Freund, vermisst du den?«

»Geht«, sagte ich.

»Geht?«

»Manchmal wäre ich gerne bei ihm. Aber ich finde es irgendwie abtörnend, wie sehr er mich vermisst.«

»Liebst du ihn denn?«

»Was heißt das: Lieben?«

»Ist doch klar.« Sie schüttelte erstaunt den Kopf.

»Liebst du denn deinen Freund?«

»Ja. Sicher. Sonst wäre er ja nicht mein Freund«, sagte sie.

»Hast du keine Angst, dass er dich betrügt?«, fragte ich Eva nach einer Weile.

»Komischerweise nein.«

»Ich auch nicht. So wie der jammert.« Wir lachten.

»Glaubst du nicht, er könnte es trotzdem tun? So als Trost, weil du nicht da bist?«

»Hm.« Ich hatte noch nicht daran gedacht, und gerade jetzt waren David und unsere Beziehung ziemlich weit weg.

»Ich glaube es ja von Janov auch. Man weiß nie, wie sie wirklich denken. Warum sollten unsere Männer gerade die Ausnahme sein?«

»Ach …«, sagte ich, »ich bin ja auch keine Ausnahme.« Eigentlich wollte ich ihr das nicht sagen. Ich erzählte das eigentlich nie jemandem, der die Geschichte nicht von Anfang an mitbekommen hat. Aber auf dem Schiff war man einfach so nahe beieinander, und es gab so wenig Neues zu erzählen, weil man ja nichts erlebte, dass man anfing, sich sein Leben zu erzählen. Auch das, was man sonst mit gutem Grund für sich behielt.

Eva war natürlich gleich sehr interessiert. »Moment. Was meinst du? Du hast einen anderen Mann?« Sie fiel fast aus ihrer Liege, so nah beugte sie sich zu mir herüber.

»Ja, da gibt es jemanden.« Da gibt es jemanden. So in die laue Luft einer klaren Sommernacht gesprochen, klang das wie ein Utta-Danella-Zitat. Hätten mir nicht so die Füße wehgetan, ein bisschen hätte ich mich fühlen können wie eine romantische Prinzessin, die versonnen einen Seidenschal bestickt und dabei leise seufzend an ihren Angebeteten denkt.

»Aber keiner vom Schiff?«

Ich musste lachen. Wer sollte das denn sein? Der Quasimodo aus der Küche? Joachim mit dem Honigbär-Bauch? Herr Krämer mit den frischen Unterhosen?

Ich zögerte. Es war ungewohnt, darüber zu sprechen, und ich wusste noch nicht, ob es gut oder schlecht war, eine neue Mitwisserin zu haben.

»Ich kenne ihn schon seit ein paar Jahren«, begann ich. Die Geschichte war so unspektakulär wie unerfreulich: Anna lernt mit sechzehn in der Disco einen Mann kennen, Jan heißt der Mann, Anna gefällt der Mann, sie ihm auch. Man geht zusammen aus, es ist sehr romantisch, aber man wird nie ein Paar. Dann sieht man sich ein paar Jahre nicht, weil er ihr aus dem Weg geht. Dann spricht er zum ersten Mal von seiner Freundin, man sieht sich wieder eine Weile nicht. Dann klopft mal er wieder an, dann mal wieder sie, so vergehen zwei, drei weitere Jahre. Sein Umzug nach Hamburg, ich verlasse sie, tut er nicht, jetzt aber ganz bestimmt, und auch dann nicht. Dann die Ausbildung, man sieht sich weniger, wieder Funkstille. Wiedersehen, und jetzt ab und an eine SMS. Wünschte, du wärst bei mir. Und du bei mir. Aber dazwischen liegen immer mindestens tausend Kilometer, Hamburg ist weit.

»Warum hast du das mitgemacht?« In ihrer Stimme war ein Vorwurf. Ich kannte das von meinen Freundinnen.

»Weiß ich nicht«, brummte ich in die Nacht, ich wollte keine Vorwürfe hören. Es war klar, dass sie das fragen würde, und eben deshalb war das nichts, was ich unbedingt herumerzählen wollte.

»Liebst du den denn?«

»Ja.«

»Klingt entschieden.«

»Ach, ich weiß nicht. Ich hasse ihn ja auch. Und ich hasse mich.«

Ich zeigte ihr die letzte SMS, die er mir vor zwei Tagen geschickt hatte, und meine Antwort an ihn.

»Du musst zu ihm, sobald das hier vorbei ist. Du stellst ihn vor die Wahl: jetzt oder nie. Du musst ihn heiraten.«

Eva war zweifellos eine große Romantikerin. Das mit dem Heiratenmüssen sagte sie von da an immer wieder, wenn wir auf dem Sonnendeck saßen: Du musst zu ihm. Ich mochte, wie entschieden sie das sagte. Und irgendwann glaubte ich ihr. Ich musste zu ihm. Nach dem Schiff. Wenn das alles vorbei war.

Zwei Wochen später steuerten wir tatsächlich in Richtung Hamburg. Eva war jetzt gar nicht mehr zu halten und malte mir mein bevorstehendes Wiedersehen in allen Farben aus. Sie machte Vorschläge, welches Kleid, welche Frisur und welchen Nagellack ich tragen sollte. Ich fand es ein bisschen kindisch, aber vor allem auch sehr schön.

Als wir in Köln waren, erreichte uns die Nachricht vom Elbhochwasser. Deiche brachen und ganze Ortschaften wurden überschwemmt. Die vorgesehene Route konnten wir nicht mehr nehmen. Helga und Joachim beratschlagten mit den Gästen, was zu tun sei, und als gegen eine kleine Hollandfahrt niemand etwas einzuwenden hatte, schwenkten wir um. Dass es für die *Morgentau* ein Problem werden könnte, ein Stück über die Nordsee zu fahren, erwähnten weder Joachim noch Helga, dabei waren sie doch immer äußerst streng, wenn wir von Südfrankreich aus manchmal Sehnsucht nach einer echten Seefahrt bekamen und vorschlugen, nach Korsika, Sardinien oder Afrika überzusetzen. Für so etwas ist die *Morgentau* nicht zugelassen, hieß es dann stets. Ich hatte dennoch keine Angst, mit Joachim übers Meer zu fahren. Wenn Joachim so entscheidet, dachte ich, wird es schon richtig sein. Und irgendwie mussten wir die Elbe ja umschiffen, das sah ich ein. Niemals hätte ich gegen den Plan protestiert – ich arbeite ja nicht beim Schifffahrtsamt.

Als wir ablegten, deckte ich gerade die Tische für das Mittagessen ein. Ich sah so oft es ging nach draußen, weil ich mir diesen Moment merken wollte. Wie gerne hätte ich das oben auf dem Sonnendeck erlebt: meine erste große Überfahrt. Endlich richtige Wellen und das Gefühl von Weite, endlich ein bisschen Seewind um die Nase. Die *Morgentau* schaukelte zu meiner Freude merklich stärker als sonst, und ich beschloss, bei nächster Gelegenheit auf eine Zigarette nach draußen zu verschwinden.

Statt jedoch weiter von der großen Seefahrt träumen zu können, wurde ich von Helga nach dem Essen nach unten an die Mangel beordert. Ich saß unten, als ich merkte, dass sich draußen etwas veränderte. Die *Morgentau* wurde stärker als sonst von links nach rechts geworfen. Sie hob und senkte sich unruhig, und gegen die Bullaugen, die jetzt brav geschlossen waren, schwappten regelmäßig immer größere Wellen. Das Wetter verschlechterte sich immer weiter, das Schaukeln nahm zu. Es wurde immer grauer und dunkler. Ich bemühte mich, meine Laken einigermaßen gerade in die Mangel zu bekommen und fragte mich, wie es wohl den Gästen erging. Sicher hatte Helga sie schon im Restaurant zusammengetrommelt und gab eine Sonderration Kuchen aus, damit sich keiner aufregte.

Die Mangel war so groß wie ein Klavier. Ihre beiden Walzen steuerte ich über ein Pedal mit den Füßen. Die Kunst bestand darin, die beiden Walzen, heiß wie Bügeleisen, nicht zu spät, aber auch nicht zu früh zusammenfallen zu lassen, nachdem man mit beiden Händen den Stoff vorsichtig dazwischengeschoben hatte. Ich habe mir an diesem Ding mehr als einmal die Finger verbrannt und dicke Blasen zugezogen, wenn ich es nicht schaffte, die Hände rechtzeitig zurückzuziehen.

Ich saß noch immer an dieser höllischen Maschine, als draußen langsam ein echter Sturm aufzog. Ein paar Mal flackerte die Deckenlampe, was nichts Gutes für unseren Generator vermuten ließ, und von oben hörte ich ab und zu gedämpfte Ausrufe unserer Gäste. Ich schnappte mir eilig Laken um Laken und versuchte dabei, nicht vom Stuhl zu fallen.

Ich stand erst auf, als ich mein Handy piepsen hörte. Es lag in unserer Kajüte, eigentlich etwas zu weit weg, um von meinem Sitz aus hörbar zu sein, aber ich war mir ganz sicher, dass es gepiepst hatte. Vielleicht hoffte ich insgeheim auf eine SMS aus Hamburg, zumindest ließ ich die Mangel kurz stehen und eilte in den Nebenraum. Die *Morgentau* schwankte jetzt so sehr, dass ich mich am Bettgestell festhielt, als ich meine Tasche durchwühlte und das Handy hervorzog. Keine SMS. Kein Anruf. Da war gar nichts. Enttäuscht wandte ich mich um und wurde im selben Moment unsanft an die Wand geworfen. Die *Morgentau* schien einen Bocksprung gemacht zu haben. Im Nebenraum hörte ich es fürchterlich rumsen.

Es dauerte ein paar Sekunden, dann rappelte ich mich auf. Ich tastete mich wieder hinüber zur Mangel. Sie war umgekippt. Sie hatte den Stecker aus der Wand gerissen und meinen Stuhl unter sich begraben. Wenn ich dort gesessen hätte, wenn ich mir keine SMS eingebildet hätte, dann hätte ich jetzt ein ziemlich großes Problem. Mir wurde schlecht.

Ich schleppte mich nach oben, wo ich mich eigentlich zu Eva flüchten und mich mit ihr freuen wollte, dass ich noch lebte und zwei funktionstüchtige Beine hatte, aber sie war vollauf damit beschäftigt, den sich übergebenden Gästen Schalen und Töpfe zu bringen, damit die Sessel nicht alles abbekamen. Ein älterer Herr kotzte gerade schwungvoll in unseren Suppentopf, und ich fragte mich nicht ohne Schadenfreude, was wohl Hendrik dazu sagen würde.

Wie eine Gruppe verschreckter Hasen saßen die Gäste an den Tischen und hielten sich daran fest, als könne im Ernstfall ein gestärktes Tischtuch als Rettungsring dienen. Andere klammerten sich an die Sessel vor der Bar. Ein Ehepaar lag flach auf dem Boden und murmelte vor sich hin, als würde es mit dem Gesicht zum Teppich um Erlösung beten. Waren sie, dachte ich, spontan zum Islam konvertiert?

Ich wusste gar nicht, wo ich zuerst helfen sollte – es war herzzerreißend zu sehen, wie sich unsere Gäste quälten, und ich gab mir Mühe, ihnen wenigstens ein bisschen Trost zu spenden.

Helga rannte auf und ab und tat, was sie am besten konnte: sinnlose Kommandos geben. »Schnell, noch mehr Tücher, jetzt hol doch einer mal ein Tuch!« Sie wollte allen Ernstes die verschütteten Getränke aufwischen, die überall in die Tischtücher einsickerten. Als ihr keiner ein Wischtuch brachte, zog sie die Decken von den Tischen, was dazu führte, dass das Geschirr und die teilweise zerschlagenen Gläser jetzt auf dem Fußboden herumlagen.

Als der Sturm abgezogen war und wir wussten, dass wir überleben würden, kehrten und putzten wir erst mal ein paar Stunden.

Wir verlebten danach tatsächlich ein paar ruhige Tage. Helga, der das Mangel-Unglück nicht verborgen geblieben war, zeigte sich besorgt und gab sich Mühe, uns ein bisschen zu schonen. Für meinen und auch Evas Körper kam diese Art der Verschonung leider zu spät. Eva hielt jetzt manchmal inne, wenn sie den Tisch eindeckte oder ein Bett machte, schloss kurz die Augen und hielt sich an der Tisch- oder Bettkante fest.

»Ist was?«, fragte ich sie, als sie einmal in der Küche nach dem Türrahmen tastete und sich anlehnte.

Eva war blass. »Geht schon wieder«, sagte sie und versuchte zu lächeln.

Ich zwang sie dazu, ein großes Glas Wasser zu trinken und ein Stück Zitronenkuchen zu essen. Sie gehorchte und kaute tapfer, aber als ich sie aufforderte, wenigstens kurz die Beine hochzulegen, lachte sie mich aus. »Und wie stellst du dir das vor? In einer Stunde gibt's Abendessen.«

Ihre Schwindelanfälle kamen häufiger. Ich bot ihr an, mit ihr zum Arzt zu gehen, aber das wollte sie auf keinen Fall. Zu teuer, sagte sie. Ihre größte Sorge war, dass Helga sie von Bord schicken würde. Sie wollte nicht auf einen Teil des Gehalts verzichten. Helga, der sonst immer alles auffiel, fiel diesmal nichts auf.

Ein paar Wochen nach Evas erstem Schwindelanfall wurde ich nachts wach. Mir war kotzübel. Ein dringendes Bedürfnis, mich jetzt gleich zu übergeben, trieb mich ins Bad, wo ich den Kopf über die Toilette hängte und sich mein Magen entleerte. So etwas war mir noch nie passiert. Ich hatte auch Alkohol immer gut vertragen, und wenn Freunde am Tag nach der Party krank im Bett lagen, hatte ich höchstens mal einen leichten Kopfschmerz.

Weil es mir am nächsten Tag gut ging, dachte ich nicht weiter darüber nach. Eva hatte zum Glück nichts gehört.

Eine Woche später passierte das Gleiche wieder und danach regelmäßig, in immer kleineren Abständen. Bald übergab ich mich jede zweite oder dritte Nacht. Eva, so kam es mir vor, wurde immer blasser und blasser, und ich versuchte, so gut ich konnte, ihr ein wenig Arbeit abzunehmen, tagsüber ging es mir ja weiterhin gut. Ich trank auch weiter meine Durchhalte-Espressi am Abend, reduzierte aber von sechs auf zwei Tassen.

Ein paar Nächte später wurde ich wieder wach. Diesmal hatte mich nicht die Übelkeit geweckt, sondern ein dumpfes Geräusch. Ich rief nach Eva. Sie antwortete nicht und ich versuchte, sie im Bett unter mir zu erkennen. Ich tastete nach ihr, aber sie war nicht da. Ich machte Licht und wollte im Bad nachsehen. Die Tür war nicht zugeklinkt, aber trotzdem ließ sie sich nicht öffnen. Irgendetwas lag davor und blockierte den Eingang.

Es war Evas Körper, der die Tür blockierte. Ich presste mein Gesicht an den offenen Spalt und sah, dass sie auf dem Boden lag, auf dem Rücken, und weil sich die Tür nach innen öffnete und das Bad so klein war, stieß sie mit den Füßen an den Duschrand und mit dem Kopf an die Tür. Sie war eingekeilt, und ohne ihr wehzutun, würde ich da nicht hineinkommen.

Ich rief jetzt so laut nach ihr, dass es eigentlich das ganze Schiff hätte hören müssen. Ich versuchte, einen Arm durch den Türspalt zu quetschen und tastete nach ihr, kam aber nicht weit. Sie bewegte sich nicht. Ich weiß nicht, wie lange es dauerte, bis ich verstand, dass ich es alleine nicht schaffen würde. Joachim musste her.

Ich hoffte, dass Helga es auch in dieser Nacht vorgezogen hatte, in der kleinen Kammer hinter der Brücke zu nächtigen, denn das tat sie regelmäßig. Ich wollte nicht, dass sie in unser Zimmer kam und genervt ihre gestörte Nachtruhe beklagte.

Joachim war nicht nur sehr schnell auf den Beinen, er hatte auch blitzschnell eine Lösung gefunden: Er hängte die Tür aus und trug Eva auf ihr Bett. Sie atmete, und nachdem Joachim ihr ein paar Mal energisch auf die Wangen geschlagen hatte, kam sie wieder zu sich. Sie blutete am Hinterkopf aus einer Platzwunde, die sie sich beim Sturz zugezogen hatte.

Noch in der Nacht brachten wir sie ins Krankenhaus. Der Arzt stellte einen schweren Erschöpfungszustand fest und verordnete zehn Tage Bettruhe. Von meiner Übelkeit sagte ich nichts.

Helga reagierte für ihre Begriffe geradezu empathisch: »Na ja, sind ja gerade nicht so viele Gäste da. Das schaffst du auch alleine, Anna.« Dafür machte sie Eva keine Vorwürfe, sondern brachte ihr Kamillentee. Konnte es sein, dass sie ein schlechtes Gewissen hatte?

Ich faltete also die Servietten etwas schneller und weniger genau. Eva schlief viel, und schon nach vier Tagen bot sie an, wenigstens die Mangel zu bedienen. Niemand hielt sie davon ab. Natürlich nicht. Also glättete sie unter Deck Bettlaken und Tischdecken und versuchte auf diese Weise, mich wenigstens ein bisschen zu entlasten.

Als ich von Bord ging, machte Helga tatsächlich den Versuch, mich für die nächste Saison wiederzugewinnen. Kein Wort dabei von mehr Gehalt oder mehr Personal. Ich fragte auch nicht danach. Dass ich nicht wiederkommen würde, stand fest. Auch Eva verabschiedete sich nach dieser Tour endgültig von der *Morgentau*. Sie zog weiter nach Stockholm, ihr Freund hatte dort einen Job als Spüler in einer Hotelküche gefunden.

Am letzten Tag drückte Helga jeder von uns dreihundert Euro in die Hand. Unser Bonus für Todesgefahr und Ohnmachtsanfälle. Und als wir gingen, weinte sie plötzlich.

Immer wieder sehr gerne

Als ich am Zoo aus dem Zug stieg und die bekannte Mischung aus Junkies, Alkoholikern und Touristen erblickte, lächelte ich und wusste, ich war endlich wieder zu Hause. Berlin begrüßte mich mit seinem hässlichsten Novembergesicht.

Berlin ist im November kein Vergnügen, auch dann nicht, wenn man einen Job hat, eine Wohnung und eine glückliche Beziehung. Ich hatte nichts davon. Es war höchste Zeit, ein paar Dinge zu klären: Im Job musste sich etwas tun und ich musste David irgendwie schonend beibringen, dass wir von nun an getrennter Wege gehen würden. Und eine neue Wohnung brauchte ich auch. Die Sache mit der väterlichen Wohnung war nichts für die Ewigkeit.

Von Jan aus Hamburg hatte ich kurz zuvor am Telefon die wenig erfreuliche, aber auch gar nicht so überraschende Nachricht erhalten, dass er seit zwei Jahren mit einer Frau zusammenwohnte, dass es ihm diesmal ernst sei und dass ich ihn deshalb gar nicht erst in Hamburg besuchen sollte. Eva würde also auf diese Hochzeit verzichten müssen.

Die Suche nach der Wohnung war einfach, ich fand

eine hübsche Achtundvierzig-Quadratmeter-Wohnung mit Balkon, mehr, fand ich, braucht man nicht, wenn man alleine wohnt. Die Wohnung habe ich noch heute. Ich profitierte davon, dass die Gegend um den Ku'damm seit ein paar Jahren endgültig nicht mehr zu den coolen Gegenden von Berlin zählte. Die Mieten waren bezahlbar, zumindest trieben die Studenten, die nach Berlin zogen, meine Miete nicht in die Höhe, denn die gingen alle in den Osten. Als ich den Mietvertrag unterschrieb, sagte mir mein Vermieter, er sei froh, jemanden so Junges gefunden zu haben. Auf die Frage, was ich denn arbeite, antwortete ich, ich sei »in der Hotellerie« – der Begriff klingt so schön, finde ich, irgendwie erhaben. Vom Housekeeping erzählte ich nichts – obwohl sicher wenige Berufsgruppen so pfleglich mit ihren Wohnungen umgehen wie Hausdamen und Zimmermädchen. Immerhin weiß ich, dass Essigreiniger auf Dauer jeden Boden kaputt macht und Scheuermittel Gift ist für Badewannen. Eigentlich, dachte ich, bin ich doch der Traum aller Vermieter.

Ich hatte zum ersten Mal seit Jahren ein bisschen Geld auf dem Konto, zweitausend Euro im Plus, weil ich auf dem Schiff ja nur wenig ausgeben konnte.

Das fiel mir in Berlin jetzt umso leichter. Ich genoss das Nachtleben als Single und ging wieder regelmäßig dienstags und donnerstags aus, zum *Lieblingstag* in Mitte. Bei einem Abendessen im *Spindler & Klatt* verjubelte ich den letzten Teil meiner Ersparnisse. Ich wollte wissen, wie es ist, selbst von allen Seiten bedient zu werden – es ist schon ganz okay.

Dass ich möglichst schnell wieder einen Job brauchte,

war spätestens jetzt klar. Ich traf Katja und Sara, meine liebsten Berufs- und Liebeskummerberaterinnen. Katja hatte inzwischen einen Job als Assistentin der Geschäftsführung gefunden. Sie bekam ihn über einen Freund von einem Freund, gut vernetzt war sie schon immer. Sara arbeitete weiter im Housekeeping für eine Fremdfirma. Für mich gab es zwei Möglichkeiten: entweder ganz raus aus dem Hotel oder wieder rein ins Hotel, dafür aber endlich ein besserer Job. Ein Job mit Kostüm.

Die Idee mit der Hotelflucht hatte sich rasch erledigt. Die zwei Bewerbungen, die ich für Assistenzstellen in kleinen Firmen schrieb, wurden beide negativ beantwortet. Ich wurde nicht mal zum Gespräch eingeladen. Länger warten konnte ich nicht, dazu war der November definitiv zu grau, und länger von meiner Mutter bekocht werden, die nur ein paar Straßenecken von meiner neuen Wohnung entfernt wohnte, wollte ich auch nicht.

Also wieder Hotel. Dann aber bitte eine Stelle am Empfang. Immerhin kam es ja nicht selten vor, dass man von dort aus einen Platz in der Reservierung oder im Marketing ergatterte, in den Büros also, wo es normale Arbeitszeiten gab und ein Gehalt, das auf dem Konto auch eine spürbare Bewegung auslöste.

Sehr sicher war ich mir mit meinem Entschluss, mich niemals wieder in die Fünf-Sterne-Hotellerie zu verirren. Ich hatte in meiner Zeit im Royal genug gesehen von diesen Neu- oder Altreichen, die zwar Geld, aber wenig Benehmen haben. Außerdem erschien es mir nur eingeschränkt reizvoll, in einem Haus am Empfang zu arbeiten, das so groß ist, dass es für jeden Handgriff einen eigenen Angestellten gibt und jeder entweder nur den Check-in oder nur den Check-out betreut, als wäre es zu anspruchsvoll, die Sätze »Ich wünsche Ihnen einen angenehmen Aufenthalt« und »Ich hoffe, Sie hatten einen angenehmen Aufenthalt« auseinanderzuhalten. Von drei Sternen, so wie damals im Central, erwartete ich nur Chaos und Überarbeitung. Vielleicht, dachte ich, liegt das Glück ja in der Mitte, in einem gediegenen Vier-Sterne-Haus, das keine neurotisch gestörten Emporkömmlinge anzieht.

Jobs gibt es immer. In der Hotellerie ist die Fluktuation enorm, dauernd schmeißt einer hin und hat »die Nase voll«. Die Kunst ist es, aus der Vielzahl der Stellenanzeigen diejenige herauszusuchen, hinter der sich ein halbwegs seriöser Job verbirgt. Es ist nie verkehrt, die Anzeigen langfristig zu betrachten. Wenn ein Hotel immer wieder inseriert, obwohl es nicht zu den Großen gehört, kann man ein Bierchen oder zwei darauf verwetten, dass in dem Laden die Fetzen fliegen. Man hört sich natürlich auch unter den Hotelkollegen um. Aber in Berlin gibt es viel zu viele Hotels, als dass man über jedes eine Insider-Information bekommen könnte.

Ich ging also die Zeitungsannoncen durch und bewarb mich bei zwei Vier-Sterne-Hotels, die beide weder zu groß noch allzu luxuriös wirkten und mir »eigenständiges Arbeiten im Front-Desk-Bereich« versprachen. Vom Diamant Hotel, über das ich bis auf die Infos von der Internetseite nichts wusste, bekam ich zuerst eine Einladung.

Das Vorstellungsgespräch dauerte keine halbe Stunde, dann wurde ich Empfangssekretärin im Hotel Diamant.

Der Chef war sichtlich erfreut zu hören, dass ich gerade auf einem Schiff gearbeitet hatte. Auf einem Schiff, das weiß jeder in der Hotelbranche, zählt niemand die Überstunden.

Ich war guter Dinge, was das Diamant anbelangte. Als ich an meinem ersten Tag in die Lobby trat, kam mir eine Frau entgegengeeilt. Sie strahlte mich an, als habe sie schon seit Stunden auf mich gewartet und sei erleichtert, mich nun wohlbehalten hier begrüßen zu können. Die Frau war um die vierzig, trug eine graue Polyester-Hose, die ihr viel zu groß war, und eine Weste in demselben Grau. »Herzlich willkommen im Diamant Hotel, schön, dass Sie da sind. Was kann ich für Sie tun?«

Ich blickte mich irritiert um. »Äh.« Ich fürchte, das war wirklich mein erstes Wort. »Ich bin Anna. Ich fange heute an.« Die auf diese Aussage folgende Dunkelheit hätte kein Flutlicht erhellen können. Die Lampen gingen aus, das Service-Lächeln verschwand und übrig blieb meine neue Kollegin, Frau Küttner. Sie wies mir einen Platz in der Sitzgruppe zu. Ich sei zu früh, es würden noch zwei andere Neue kommen, ich solle bitte nicht im Weg stehen.

Eine gute Stunde später trug auch ich diese graue Hose mit Karottenschnitt, zu weit am Hintern, zu eng an den Waden. Die dazugehörige Weste war ein bisschen zu klein und der mittlere Knopf spannte bedrohlich. Schön, dachte ich, in dem Outfit wird man sicher von keinem Typ mehr dumm angemacht. Als mich Frau Küttner vom Umziehen abholte, fragte sie mich wie nebenbei: »Bist du eigentlich aus dem Westen oder aus dem Osten?«

Ich war ein bisschen erstaunt, denn als die Mauer fiel, war ich kaum in der Schule. Was sollte diese Frage? »Steglitz«, antwortete ich, in der Hoffnung, sie wurde das als Andeutung darauf verstehen, dass mir das mit dem Osten und Westen nicht mehr so wichtig war.

Frau Küttner schnaubte. »Also Westen!«, sagte sie. Ach, dachte ich, da kennt sich aber jemand gut aus in Berlin. Ich schwieg. Als sie merkte, dass für mich der Ost-West-Dialog keinen rechten Reiz hatte, sagte sie, mit einer Spur von Triumph in den Stimme: »Na, dann mach dich mal auf was gefasst.« Pause. »Du bist hier nämlich die Einzige.« Ich folgte ihr schweigend an den Empfang.

Dass in so einem Haus an einem Tag gleich drei neue Leute anfangen, war kein besonders gutes Zeichen. Dass ich nach einer Stunde schon der Sonderling unter den Neuen war, erst recht nicht.

Ich verbrachte meine Zeit nun nicht mehr damit, Staub zu wischen oder Betten zu machen, was mir mein Rücken, meine Füße und meine Haut gleichermaßen dankten. Und ich lernte wieder ein bisschen mehr über die Menschen als Gäste, über Reisende und ihre Angewohnheiten.

Wer ein Hotel betritt, betritt eine neue Welt: Wo es Frühstück gibt, ist herauszufinden, wo man abends noch ein Bier bekommt, und der Weg zur Terrasse oder zum Spa ist auch noch nicht bekannt. Trotzdem: Ich wage zu behaupten, dass in keinem Hotel diese Wege unauffindbar sind. Auch ein Fernsehgerät dürften die meisten von zu Hause kennen, eine Klimaanlage hat man auch schon einmal gesehen, und selbst der Griff für das Doppelfenster ist, auch wenn man zu Hause mit Einfachverglasung prima auskommt, kein Schaltkreis für einen Kernreaktor. Und doch habe ich im Hotel mehr unmündige Erwachsene gesehen, als ich es für möglich gehalten hätte. Mir war, als sei ich eine Art Kindergärtnerin, die den verunsicherten Geschöpfen, die da ins Diamant traten, die Angst nehmen musste, sie könnten ohne mich in dieser schrecklich großen Stadt nicht überleben.

Nicht nur Menschen über siebzig, sondern auch Männer und Frauen von zackiger Gestalt, die sicherlich wussten, wie man einen BlackBerry von UMTS auf W-LAN umstellt, fragten mich Dinge, von denen ich nie gedacht hätte, dass ich sie jemals gefragt werden würde. Fahren U-Bahnen auch abends? Wie kaufe ich mir ein S-Bahn-Ticket? Gibt es EC-Automaten in Berlin? Was kostet eine Fünfundvierzig-Cent-Briefmarke? Gab es eigentlich auch eine Mauer um Westberlin – oder nur um Ostberlin? Wer war eigentlich dieser Checkpoint Charlie? Meine allerliebste Frage jedoch: Was genau ist denn eine U-Bahn?

Manchmal habe ich Wetten mit mir selbst abgeschlossen: Wie lange wird es dauern, bis der Neue von Zimmer neunzig anruft, um wegen des Fernsehers zu fragen? Wetten, dass der Typ mit dem roten Trolley noch einmal zurückkommt, bevor er sein Zimmer bezieht, um sicherheitshalber wegen des Safes noch einmal nachzuhaken.

Selbst wenn ein riesiges Schild die Richtung zum Fahrstuhl anzeigte und selbst wenn ich es außerdem noch mal persönlich erklärte: In neunundachtzig Prozent der Fälle kamen die Gäste zurück, völlig verwirrt: »Entschuldigen Sie, wie finde ich hier …?« Man musste sich fragen: Wie finden die sich an einem ganz normalen Bahnhof zurecht? Oder am Alexanderplatz, wo S-Bahnen, Tram, U-Bahnen und noch ein paar andere Züge zusammenkommen?

Welchen Effekt hat das Betreten eines Hotels auf ganz gewöhnliche Leute? Ich nannte diesen Effekt »Überforderung durch Unterforderung« (man möge dieses Paradoxon bitte einst nach mir benennen, wenn es die Wissenschaft erforscht hat, vielen Dank): Wenn man den Menschen das Gefühl gibt, alles für sie zu tun, dann sind sie bald außerstande, selbst das Einfachste noch selber hinzukriegen. »Die klappen einfach das Gehirn nach hinten.« Sara brachte die Sache auf den Punkt.

Fahrstuhl, Fernseher – das waren nur die ersten Hürden. Es gab noch eine Vielzahl weiterer Dinge, die die Gäste einfach nicht verstanden:

– Dass in den Zimmern nur Licht brennen kann, wenn die Zimmerkarte in den dafür vorgesehenen Schlitz gesteckt ist.
– Dass wir bei Ankunft im Hotel die Kreditkarte schon mal durchs Lesegerät ziehen, nicht um Hunderte von Euros abzubuchen, sondern um sicher zu sein, dass der Gast im Besitz einer gültigen und belastbaren Kreditkarte ist.
– Dass jeder Gast aus gesetzlichen Gründen seine Adresse angeben muss und dass ich sie nicht zu privaten Zwecken haben will, hihi.
– Dass alle Gäste ruhige und schöne Zimmer haben möchten, die außerdem noch einen tollen Blick bieten, aber kein Hotel der Welt nur ruhige und schöne Zim-

mer mit einem tollen Blick hat. Und wenn doch, dann bestimmt nicht mitten in der Großstadt.
- Dass es kein böser Wille ist, wenn wir bei der Abreise nicht mehr auswendig wissen, in welchem Zimmer der Gast geschlafen hat und wie er heißt. Wüssten wir das alles von täglich zweihundert wechselnden Gästen, wir würden bei »Wetten, dass ..?« auftreten.
- Dass es leider nicht möglich ist, ein Zimmer vor zehn Uhr morgens zu beziehen, weil der Gast davor ja erst um elf Uhr raus muss – und dass es wahnsinnig nett wäre, wenn man dann auch später selbst um elf Uhr draußen wäre.
- Dass Frühstücksbuffet nicht bedeutet: Stullenschmiergelegenheit für den Rest vom Tag, für sich und noch drei Kollegen.

Mein eigenes Hirn litt nicht weniger an Unterforderung als das der Gäste. Die Sätze, die wir an der Rezeption aufsagten, waren immer die gleichen. Heißt es nicht von George W. Bush, der damals noch amtierte, er sei mit ein paar hundert Wörtern ausgekommen? Gegen eine Rezeptionistin war er geradezu ein rhetorisches Genie. Mein Repertoire beschränkte sich im Wesentlichen auf Folgendes:

- Herzlich willkommen im Hotel Diamant!
- Hätten Sie gerne ein Raucher- oder ein Nichtraucherzimmer?
- Darf ich Ihnen einen Tisch im Restaurant reservieren?
- Die Aufzüge befinden sich hinter der Freitreppe rechts.

- Das Frühstück findet von sechs Uhr dreißig bis elf Uhr im ersten Obergeschoss statt.
- Ich wünsche Ihnen einen angenehmen Aufenthalt!
- Ich hoffe, es war alles zu Ihrer Zufriedenheit?
- Kommt etwas aus der Minibar dazu?
- Wie möchten Sie bezahlen?
- Ich rufe Ihnen gerne ein Taxi.
- Auf Wiedersehen, bis zum nächsten Mal!
- Gute Heimreise! Fahren Sie vorsichtig!

Außerdem sagte ich eigentlich nur noch auf alles und jedes: »Sehr gerne«. Ich machte alles sehr gerne, erfüllte noch den abseitigsten Wunsch sehr gerne und auch wenn der Gast sich beschwerte, sagte ich, dass ich »sehr gerne« weiterhelfen würde. Egal, worüber er sich beschwerte. Und es gab oft Beschwerden. Meine persönliche Statistik der beliebtesten Beschwerdegründe:

- Der Fernseher funktioniert nicht.
- Besonders beliebt bei denen, die sich nicht trauen, mit mehr als zwanzig Euro in der Tasche aus dem Haus zu gehen: Der Safe ist kaputt.
- Vor allem für Zugluftphobiker: Die Klimaanlage geht nicht aus.
- Der Fahrstuhl kommt nicht.
- Beliebt bei den Fahrern großer, teurer Autos: Zehn Euro für die Tiefgarage? Das ist ja Wucher!
- Beliebt auch bei Fahrern kleiner Autos: Ihre Einfahrt in die Tiefgarage ist zu eng! (»Wie kommen bloß die Lkws dort rein?«, dachte ich dann.)

- Ich komme nicht ins Internet.
- Es riecht nach Rauch in meinem Zimmer, glauben Sie mir, ich bin Nichtraucher, ich rieche das. Einen Raucher stört das ja vielleicht nicht, aber mich schon.

Mein liebster Beschwerdegrund für alle Ewigkeit aber wird sein: »Frau K., das Bett quietscht.« Vorgetragen mit dem tiefsten Ernst.

Ich fragte mich jedes Mal: Wie haben Sie das denn festgestellt? Hatten Sie hemmungslosen Sex auf dem Bett und dabei hat es, oh nein, gequietscht, was zum Abbruch jeder sexuellen Aktivität führte? Oder haben Sie sich tatsächlich, weil Sie ja gerade erst vor zwanzig Minuten das Zimmer bezogen haben, in voller Montur aufs Bett gelegt, ein paar Mal hin und her geruckelt und dabei festgestellt, dass das Bett lauter quietscht, als es die deutsche Betten-Lärm-Verordnung nach Bundesimmissionsschutzgesetz vorsieht? Testen Sie das immer sofort, weil Sie schon so viele schlechte Erfahrungen gemacht haben mit quietschenden Betten in anderen Hotels? Oder sind Sie einer von der ganz schlauen Sorte, der tatsächlich erst am Tag der Abreise das Quietschen bemängelt und damit ziemlich unverhohlen auf einen Rabatt hofft, weil Sie ja das Schreckliche immerhin drei Nächte lang erdulden mussten?

Wer sich gleich zu Anfang über die Betten beschwerte, den versuchte ich mit dem Hinweis zu besänftigen, dass die Betten und der Lattenrost ganz neu seien und dass ausgerechnet er oder sie das Glück hatte, auf einer der modernen Komfortmatratzen mit Komfortfederkern zu schlafen, dass ich aber, wenn er oder sie wollte, nach einem Zimmer mit altem Bett Ausschau halten könne.

Das half meistens. Wenn es nicht half, bekamen die Gäste ein neues Zimmer – in dem natürlich die gleiche Art Lattenrost, Matratze und Bettgestell auf sie wartete.

Sehr beliebt bei Gästen ist es, wenn man sich die Beschwerde aufschreibt. Egal wohin, Hauptsache, es wird mitgeschrieben, da fühlt sich der Gast ernst genommen, es steht ja nun schwarz auf weiß da, wie übel es ihm ergangen ist.

In jedem Hotel ist festgelegt, womit die Rezeption den unzufriedenen Gast beruhigen kann: In einem Drei-Sterne-Hotel ist maximal ein Glas Sekt an der Bar zu vergeben, in teuren Hotels sind Blumen, Obstkörbe und Champagnerflaschen möglich.

In großen Häusern haben sie für diese Fälle am Empfang eine Geheimwaffe: Jeder Angestellte an der Rezeption verfügt über ein gewisses Budget, das er einsetzen darf, wenn es brenzlig wird. Wer beim Auschecken über den Service schimpft oder den Zimmermädchen noch schnell ein vergiftetes Kompliment macht (»die sind zwar alle lieb und nett, aber vom Putzen verstehen sie hier wohl nicht allzu viel«), hat gute Chancen auf einen Preisnachlass.

Im Diamant waren wir natürlich nicht mit einem dicken Portemonnaie ausgestattet. Hier hieß es: zuhören und freundlich nicken, was das Zeug hält.

Leider hatte es sich inzwischen herumgesprochen, dass schlechte Bewertungen auf Online-Portalen wenig beliebt sind bei den Hotels, und so kam es vor, dass ich die

Drohung, man werde schon wissen, was man bei TripAdvisor zu berichten habe, tatsächlich mit einem Rabatt belohnte.

Zugegeben: Es gibt in jedem Hotel Zimmer, in denen es riecht, nach Tabak oder Muff oder Kanalisation. Zimmer, die etwas älter sind, die noch die alten Möbel haben, die im unrenovierten Flügel liegen, die gar keinen Ausblick haben, die über dem Restaurant liegen. Man kennt diese Zimmer und wenn man an der Rezeption steht und genau weiß: »Heute muss ich diese Zimmer irgendwie loswerden«, läuft im Kopf ein kleines, gemeines Programm ab. Man überlegt sich, welcher Gast dieses Zimmer wohl am ehesten klaglos akzeptieren würde. Paare scheiden schon mal aus, da ist der Mann grundsätzlich beschwerdefreudig – jedenfalls mögen es Männer, sich vor ihren Frauen bei uns zu beschweren. Hotelrezeptionen sind einer der wenigen Orte, an denen sich Männer noch richtig aufplustern können. Hier darf der Mann noch laut, energisch und nach Belieben unsachlich und unverschämt sein und hinterher wird er dafür belohnt, mit einem besseren Zimmer oder einem anderen Upgrade.

Meistens bekommen die Schüchternen die schlechten Zimmer, die, die so aussehen, als verreisten sie nur alle Schaltjahre mal. Das ist ungerecht, ich weiß. Ich habe mich auch dafür geschämt. Nur wer hat, dem wird gegeben – heißt es nicht so? Im Hotel ist das eine goldene Regel.

Erst recht gilt das für diejenigen Gäste, die in eine der VIP-Kategorien fallen. Jedes Hotel hat da seine ganz eigene Skala. Im Diamant hatten wir insgesamt sieben Kategorien, VIP 1 bis VIP 7.

VIPs bekommen Obstkörbe und Sekt umsonst, VIPs zahlen weniger für das gleiche Zimmer als normale Gäste. VIPs, das sind je nach Hotel weltbekannte amerikanische Schauspieler oder aber Dutzende Vorabendserien-Darsteller. Im Diamant kamen die VIPs vor allem aus den Chefetagen von Unternehmen, und ab und an verirrte sich auch mal ein Musical-Star nach Tempelhof. Ihre Büros riefen an, verhandelten mit dem Sales Management und vereinbarten Raten, von denen der Rentner oder das junge Paar um die dreißig nur träumen kann.

Kommen VIPs, so die Hoffnung der Hoteliers, strahlt ein wenig von ihrem Glanz auf das Hotel ab. Niemand kann sagen, ob diese Rechnung aufgeht.

Und welcher Glanz geht von VIPs aus, die jemand wie ich, die ich durchaus Klatschzeitschriften lese, niemals erkennen würde? Oder von solchen, die ich zwar erkenne, weil sie in einer ehemals erfolgreichen Band gesungen haben, und die es für VIP-gemäß halten, einem wortlos den Zimmerschlüssel auf den Tresen zu knallen, was wohl so viel bedeutet wie: »Vielen Dank, dass ich bei Ihnen übernachten durfte. Die Rechnung stellen Sie bitte an mein Management, die Adresse haben Sie ja. Einen schönen Tag noch!«

So etwas blieb die große Ausnahme im Diamant, weil hier fast gar keine Prominenz verkehrte, was uns allerdings überhaupt nicht daran hinderte, bei jedem Einzelnen, der nur deswegen VIP war, weil er schon zum dritten Mal da war, intensiv darüber zu diskutieren, ob er nun eher VIP 3 oder VIP 4 war. Das machte immerhin einen großen Unterschied: Gibt es die Mineralwasserflasche umsonst dazu oder nicht?

Die Visa-Affäre

Gleich am ersten Tag war mir aufgefallen, dass die Kolleginnen am Empfang – außer meiner Kollegin Charlene und Frau Küttner gab es da noch zwei weitere, das Diamant leistete sich also den mit Abstand am besten besetzten Empfang ganz Berlins – sich sehr intensiv mit den Reservierungslisten beschäftigen. Charlene hantierte dabei mit drei verschiedenen Textmarkern und malte die ganze Liste an. Normalerweise werden in einem Hotel die Reservierungslisten für den nächsten Tag am Vorabend noch einmal überprüft: Wer bekommt voraussichtlich welches Zimmer, stimmen die Namen? Das ist eine Sache für eine Person und dauert vielleicht eine halbe Stunde für hundert Gäste. Hier fing man schon nachmittags um drei mit den Listen an.

Als ich zaghaft fragte, was genau da gerade vonstattenging, reagierte die Kollegin am Textmarker, als hätte ich nach der Geheimnummer für ihre EC-Karte gefragt.

Ich beließ es dabei und versuchte an den folgenden Tagen aus der Entfernung hinter die Farbcodes zu kommen. Spätanreiser blau, das meinte ich zu erkennen, aber warum waren manche Namen gelb und andere grün? Und warum um alles in der Welt gingen die Markiererinnen, wenn sie nach Stunden endlich fertig waren, mit den Papieren zum Chef und sahen dabei aus, als seien sie auf dem Weg zur mündlichen Abiprüfung im Fach Latein?

Dann erbarmte sich schließlich Charlene und erklärte mir, was dahintersteckte. Die Empfangssekretärinnen im Diamant druckten zuerst die Reservierungsliste für den nächsten Tag aus, glichen dann den Ausdruck mit der Datenbank ab (was insofern recht sinnlos war, als dass man ja gerade aus der Datenbank gedruckt hatte) und kennzeichneten dann die verschiedenen Gästekategorien.

Blau stand für »Kommt nach achtzehn Uhr«, gelb waren die Geschäftskunden, die nicht selber zahlen mussten, und grün die ohne Frühstück. Dass der Gast nach achtzehn Uhr anreisen würde, stand natürlich auch in der Liste. »Spätanreise«, das Wort stand da.

»Das verstehst du nicht«, meinte Charlene und das Ganze schien ihr ein bisschen unangenehm. »Nee, tu ich auch nicht!« Da hatte sie also ganz richtig gelegen. »Wir zeigen das Raschke.« Herr Raschke war der Manager und offenbar ein Farbenfreund.

»Wir gehen mit ihm die Liste durch.« Ich lächelte sie unsicher an. Was redete sie da? Lasen sie wirklich dem Chef die Reservierungsliste vor? Und kennzeichneten für ihn nach Farben, wer wann anreiste und ob jemand ein Frühstück wollte? Hatte der Mensch keinen Computer? Hatte er Langeweile, Kontrollwahn oder etwas Schlimmeres?

Noch obskurer war, was sich am Ende einer Schicht

abspielte. Anfangs dachte ich, es habe etwas damit zu tun, dass zeitgleich drei neue Kräfte angefangen hatten, aber bald erfuhr ich, dass dies ein tägliches Ritual war: Der Chef bestellte die Leiterinnen jedes Bereichs nach Schichtende zum Rapport in sein Büro. Frau Küttner, die Service-Chefin, die Hausdame, die Marketing-Leiterin und der Küchenchef traten also jeden Tag gegen halb zwei, kurz vor Ende der Frühschicht, nacheinander in sein Büro, mit ziemlich verkniffenen Gesichtern. Der Chef öffnete jedes Mal ganz langsam und bedeutungsvoll die Zimmertür und nickte dem Nächsten salbungsvoll zu, als vergebe er eine Privataudienz, auf die wir, das niedere Volk, seit Jahren gewartet hatten, und von der wir nun die Lösung all unserer Fragen zu erwarten hatten.

Wir, die keine Abteilungschefinnen waren, sollten warten, bis diese Sitzungen vorüber waren – für den Fall, dass es danach noch neue Arbeitsaufträge gab. So eine Besprechung konnte gut und gerne eine Stunde dauern. Pro Person. Wenn ich Pech hatte, kam Frau Küttner als Letzte dran. Weil nach zwei Uhr bereits die Spätschicht zur Arbeit kam, lungerten wir zu viert oder mehr am Empfang herum, durch Frauenzeitschriften blätternd oder, wenn man Glück hatte und den einzigen Computerplatz ergatterte, im Internet surfend. Es war Winter und eigentlich hätte ich noch im Hellen nach Hause gehen können. Stattdessen sah ich der Sonne dabei zu, wie sie unterging, bis es draußen stockfinster war.

Herr Raschke wollte in diesen Runden alles wissen: Wer von seinem Personal wie gearbeitet hat, welche Gäste sich wie benommen haben, warum der Gast aus der fünfundvierzig heute so lange an der Rezeption war und was er dort wollte und wie sein Problem gelöst wurde. Was hat er Charlene beim Abschied zugesteckt? Worüber genau hat sich der Typ von der großen Computerfirma im Restaurant beschwert? Dazu machte er sich eifrig Notizen auf einem Ringbuchblock. Weil der Verdacht bestand, dass Raschke erst dann mit seinem Verhör Schluss machte, wenn er eine bestimmte Anzahl Ringbuchseiten vollgeschrieben hatte, versuchte jede, ihm möglichst wortreich und weitschweifig zu antworten und bloß keine Pause zu machen.

Raschkes Büro war stets in größter Unordnung, Papierstapel unterschiedlicher Höhen bedeckten fast den gesamten Boden, auf dem Schreibtisch lagen die Reservierungslisten herum, auf denen er zu den Markierungen Kommentare eingefügt hatte, leere Kaffeebecher standen zwischen den Papieren und zu allem Überfluss sammelte er in einer Ecke seine Wäsche für die Reinigung.

Charlene nannte ihn manchmal Don Raschke, weil er wie ein sizilianischer Pate seine Lakaien antanzen ließ und über allen ständig das Damoklesschwert des vernichtenden Urteils schwebte. Bei uns hätte das dann nicht »Versenkt ihn in einem Fluss« geheißen, sondern eher »Checkt die Anreisen von morgen noch einmal durch«, aber wenn man schon seit Stunden darauf wartete, nach Hause gehen zu können, weil die Arbeit getan war, war so ein Urteil fast genauso schlimm.

Nach ein paar Wochen hatte ich das Schauspiel satt, zumal die Schichtleiterinnen bislang immer aus dem Chefzimmer gekommen waren, ohne den kleinsten Arbeitsauftrag für uns. Ich beschloss, nicht mehr zu warten. Meine Kolleginnen fanden das »mutig«, wie sie sagten. Und dabei guckten sie mich an, als hätte ich laut überlegt, den Paten selber mal im Fluss zu versenken. Die beiden Neuen überlegten anfangs, es mir nachzutun, jedenfalls tuschelten sie ziemlich aufgeregt, als ich das erste Mal um Viertel nach zwei meine Tasche schnappte und in den Keller ging, um mich umzuziehen. Aber schon am zweiten Tag, als ich einfach so ging, einfach so nach Dienstschluss, tuschelten und überlegten sie nicht mehr.

In ihrem Kopf musste sich in der Zwischenzeit Resignation breitgemacht haben. Am ersten Tag dachten sie noch: »Stimmt, ist sinnlos, wir sollten vielleicht auch gehen.« Aber schon am zweiten Tag dachten sie: »Stimmt, ist sinnlos, aber es ist eben so.« Am dritten Tag dachten sie vielleicht: »Sinnlos oder nicht – auch schon egal.«

Sie blieben, wo sie waren, wie alle anderen auch.

Raschke verbrachte, um nichts zu verpassen oder auch nur, weil er nicht wusste, wohin er sonst gehen sollte, zu unser aller Verdruss fast den gesamten Tag im Hotel. Und leider brachte er dazu auch seine beiden Söhne mit, sieben und neun Jahre alt. Sie aßen im Hotel zu Mittag und hatten anschließend den ganzen Nachmittag über Zeit, uns allen auf die Nerven zu gehen.

Ihre Lieblingsspielplätze waren das Restaurant und die Küche. Dort spielten sie mit der Kasse herum oder ließen die Schwingtür zur Küche auf und zu schwingen, natürlich nur, wenn jemand vom Service hindurch wollte, oder lieferten sich Fechtduelle mit dem Fischbesteck. Wenn sie an die Rezeption kamen, weil man sie aus dem

Restaurant vertrieben hatte, spielten sie – im günstigen Fall – Fangen oder Verstecken. Im weniger günstigen Fall spielten sie »Empfangssekretärinnen vom Stuhl kicken«. Das ging so: Anlauf nehmen und dann mit Wucht gegen den Stuhlsockel treten. Wir saßen auf einer Art Barhocker, wenn wir am Computer zu tun hatten, im Gespräch mit den Gästen mussten wir natürlich stehen.

Zur großen Freude der Kinder rutschte dann der Stuhl einen halben Meter weiter und die, die vorher darauf gesessen hatte, sprang entweder rechtzeitig auf, krallte sich an der Tischkante fest und hing noch mit halbem Hintern auf dem Stuhl, oder sie landete direkt auf dem Boden. Ich schaffte es meistens sitzend. Aber eben auch nur meistens.

Raschke hatte wie alle Hotelchefs vor nichts mehr Angst als vor unzufriedenen Gästen. Vielleicht war wirklich einmal etwas schiefgelaufen, jedenfalls hasste er Fehler. Vielleicht hasste er vor allem die, die ihm selbst unterliefen, vielleicht peitschte er sich dafür abends aus, beschimpfte sich vor dem Spiegel oder sprach zur Strafe zwei Tage lang nicht mehr mit sich. Aber auch die Fehler der anderen verfolgte er mit der Konsequenz eines Staatsanwaltes: Wer hat wann wo was warum falsch gemacht? Und wie sehr bereut er? Und dann bestrafte er den Übeltäter so, dass es jeder mitbekommen konnte.

Raschkes Morgenritual verlangte von uns, dass wir uns vor dem Tresen aufbauten, wenn er kam, und ihm nach und nach die Hand reichten. Als ihm an diesem Morgen Charlene die Hand hinstreckte, ließ Raschke sie unbeachtet stehen und ging weiter. Es war beschämend.

»Wie kindisch ist das bitte?«, dachte ich, und als ich später Charlene fragte, was das zu bedeuten hatte, sagte sie: »Ich hab gestern einem Gast das falsche Zimmer gegeben.«

Ich war gespannt, ob er auch bei mir anfangen würde, nach einem Fehler zu suchen, immerhin musste er ja mitbekommen haben, dass ich es wagte, nicht bis zum Ende seiner Rapport-Runden auszuharren, das hatten die anderen sicher schon gewissenhaft berichtet.

Es war eine Banalität, die in jedem größeren Hotel dieser Welt wahrscheinlich täglich dreimal passiert: Ein Gast auf Dienstreise, von seiner Firma in unser Hotel geschickt, hielt mir beim Check-out seine private Visa-Karte hin, die ich annahm und mit seinem Zimmerpreis belastete, ohne darauf zu achten, ob er überhaupt als Selbstzahler registriert war oder nicht. Er war es nicht. Ich entschuldigte mich, der Gast war nicht einmal böse, er hatte ja auch nicht aufgepasst, und ich sicherte ihm zu, die Buchung umgehend zu stornieren und alles Weitere mit seiner Firma zu klären.

Meine Fehlbuchung blieb natürlich nicht unentdeckt, dafür sorgte Frau Küttner. Noch bevor die Rapport-Runde begonnen hatte, erschien Herr Raschke höchstpersönlich, um mich für mein unfassbares Fehlverhalten zu bestrafen. »Sie schreiben dem jetzt einen Brief!«, ordnete er an, einen Entschuldigungsbrief auf Englisch, weil der Mann aus Schweden kam. Einen Brief, in dem laut Raschke ganz klar erkennbar werden sollte, wie dumm und fahrlässig ich gehandelt hatte und wie sehr mir eine Wiedergutmachung am Herzen liege. »Zwei Seiten, mindestens«, gab er vor, und ich musste an die Seiten seines Schreibblocks denken. Er dachte offenbar wirklich gerne in Seitenzahlen.

Während mein Feierabend also in weite Ferne rückte, bemühte ich mich, diesen Brief zu Papier zu bringen. Mein Englisch war nicht herausragend, und wie man Floskeln der Unterwürfigkeit formuliert, hatte mir im Englischunterricht ohnehin niemand beigebracht.

Ich benutzte intensiv die Seite leo.org und versuchte mich an einem besonders aufgeblähten Englisch, um auf die zwei Seiten zu kommen. Am Ende war ich fast stolz auf mein Werk, für das ich knapp zwei Stunden gebraucht hatte.

Herr Raschke war leider nicht so stolz wie ich. Er nahm sich den Ausdruck vor, löste lustvoll die Kappe von einem roten Filzstift und strich wild ganze Passagen durch, unterschlängelte andere, murmelte »So ein Unsinn« und attestierte mir ein »grottenschlechtes Englisch«. Da er keinen einzigen Rechtschreibfehler anstrich und keinen Grammatikfehler bemerkte, von denen da sicher ein paar versteckt waren, und stattdessen nur neue Formulierungen auf Deutsch dazwischen schrieb, war ich fast sicher, dass sein Englisch nicht unbedingt besser war als meins.

Die zweite Fassung meines Schreibens wurde noch einmal genauso rot markiert, erst ab der dritten wurde es besser, die vierte war noch mal ein kleiner Rückschritt, dafür gab er sich mit der fünften Fassung endlich zufrieden. »Dann weg damit«, so lautete sein gnädiges Urteil. Es war inzwischen drei Uhr nachts, ich hatte Spätschicht gehabt und hätte schon seit fünf Stunden zu Hause sein können.

Als ich am nächsten Morgen aufwachte, belohnte ich mich mit einem besonders guten Frühstück: Ich presste mir Orangensaft und beschmierte mein Baguettebrötchen mit einer besonders dicken Schicht Nutella. Und dann wusste ich: Ich würde kündigen.

Mein Aufstieg an die Rezeption hatte sich als Flop erwiesen. Ich wollte abheben und bin doch nicht über die Rollbahn hinausgekommen.

Ich hätte auf dem Schiff unter Protest kündigen können, im Royal, ich hätte es immer schon tun sollen, in dem Moment, wo mir klar war: Das quält mich hier. Bisher hatte ich diese Momente ignoriert, ich dachte, es führe zu etwas, wenn ich durchhalte. Ich dachte immer: Dies muss ich noch durchstehen, aber dann, ganz sicher, wird ein Vorhang aufgehen und das Paradies wird sichtbar. Anna wird zur Belohnung für all den Quatsch, den sie mitgemacht hat, auf einen Schimmel gehoben und dann reitet sie unter einem Regenbogen hindurch und irgendwer lässt mit Gas befüllte Luftballons aufsteigen, auf denen ganz groß »Danke« steht. Ja, ja.

Von nun an würde ich immer kündigen, wenn es zu arg wird. Ich würde auch wieder kämpfen, wenn es sich lohnt. Aber gegen Raschke zu kämpfen, inmitten einer Schar von Kolleginnen, die längst schon aufgegeben hatten, erschien mir ähnlich sinnvoll wie auf das weiße Pferd zu warten.

Ein paar Tage später legte ich Herrn Raschke die Kündigung auf den Schreibtisch, so wie ich ihm zuvor die

Entschuldigungsbriefe hingelegt hatte. Raschke reagierte weder überrascht noch unfreundlich. Diesmal zückte er auch keinen Rotstift, es war ja auch alles fehlerfrei.

Check-out

Ich war es gewohnt, nicht in allzu langen Zeiträumen zu denken. Dass nach vier Monaten im Diamant schon wieder alles vorbei war, damit hatte ich zwar nicht gerechnet, aber es fiel mir auch nicht schwer, neue Pläne zu schmieden. Ich hatte ja auch keine andere Wahl.

Schon im Central hatte mich manchmal der Gedanke gestreift, dass ich für einen echten Ausweg aus diesen prekären Beschäftigungsverhältnissen mehr brauchen würde als nur eine entsprechend hohe Anzahl von Bewerbungen für alle möglichen Stellen. Es war noch zu Central-Zeiten, als eine Azubi-Kollegin, die im Jahr vor mir fertig wurde, erzählte, sie wolle »noch mal studieren«. Ich hatte das nicht vergessen und diese Möglichkeit immer im Hinterkopf behalten, für den Fall, dass mal gar nichts anderes mehr gehen würde. Und jetzt ging, wie es aussah, gar nichts anderes mehr. Außerdem hatte ich jetzt wirklich das Bedürfnis, etwas zu lernen, das mich intellektuell forderte, mich weiterzubilden und Neues in den Kopf zu bekommen.

Die Kollegin damals schrieb sich allerdings nicht an der Uni ein oder an einer Fachhochschule. Sie ging zur Hotelfachschule – nach ihrer Ansicht der beste Weg, um sich fit zu machen für den Arbeitsmarkt. Ich fand das vollkommen überzeugend: eine Schule, nur für Leute aus der Hotellerie, die sich fortbilden wollen. Ein Studium beginnen, das vier Jahre dauert, das hätte ich mir nicht leisten können.

Ich war fünfundzwanzig und sagte mir: Hey, du bist jung genug, um noch einmal etwas Neues anzufangen, andere fangen da erst an zu studieren, weil sie vorher nichts auf die Reihe bekommen haben. Ich war wirklich optimistisch, und Sara und Katja waren es auch.

Nach zwei Jahren würde ich »Betriebswirtin« sein, das klang viel besser als Hausdamenassistentin, wie ich fand. Dass hinter der Betriebswirtin in Klammern »Hotel- und Gaststättengewerbe« stand, fand ich erst mal nicht so wichtig. Ich würde BWL und Controlling lernen, Fächer, vor denen ich großen Respekt hatte und die es mir ganz sicher ermöglichen würden, einen besseren Job zu finden – und zwar nicht im Hotel. Ich würde mich durchbeißen und am Ende würde ich, als Akademikerin mit jahrelanger Praxiserfahrung, Traum aller Personalchefs sein und Hotels fortan nur noch als Gast betreten.

Es war März, als ich das Diamant verließ, und bis zum nächsten Starttermin auf der Hotelfachschule waren es noch sechs Monate. Um mir die Schule leisten zu können, suchte ich mir einen Job für zwischendurch, und fand ihn im Bremer Hof: drei Sterne, noch weniger Glanz als im Central, und meine Berufsbezeichnung lautete nun »Rooms Division Agent« – ein weiteres Synonym für »Mädchen für alles«. Ich würde am Empfang arbeiten, im Housekeeping und in der Reservierung. Es war ein typisches Drei-Sterne-Haus: Das Frühstück war gut, das kostet ein Hotel ja nicht viel, dafür waren die Matratzen besonders schlecht. Sie kosteten dreißig Euro das Stück, billigere waren nicht zu haben und dauernd kamen neue Lieferungen, weil die alten nach kürzester Zeit einfach niemandem mehr zuzumuten waren. Das Putzen übernahm auch hier eine Fremdfirma. Inzwischen war ein Mindest-Stundenlohn für Zimmermädchen Pflicht geworden, etwas mehr als sieben Euro. Eigentlich. Aber die Firma rechnete einfach weiter pro Zimmer ab, niemand wehrte sich. Sie zahlte den Frauen, die allesamt ungelernt waren, sogar noch weniger als meine alte Firma im Royal. Wahnsinn, dachte ich, ich hätte nicht geglaubt, dass ein solcher Lohn noch zu unterbieten war.

Vermutlich hätte ich auch als Nachtpage angefangen, wenn es nichts anderes gegeben hätte. Es war mir vollkommen egal, mit welchem Job ich fast kein Geld verdiente, denn die beiden letzten Monate vor Schulbeginn würde ich so viel verdienen wie noch nie: Ich wollte auf einem Kreuzfahrtschiff in der Karibik anheuern.

Von den großen Kreuzfahrtschiffen hieß es, dass sie wegen der schwindelerregend hohen Trinkgelder eine prima Einnahmemöglichkeit waren. Ich hatte mir einen Luxusliner ausgesucht, auf dem vor allem amerikanische Gäste verkehrten, die als ganz besonders spendabel galten. Von Trinkgeldern in fünfstelliger Höhe in drei Monaten war die Rede. Ich glaubte daran.

Ich kam nicht dazu, festzustellen, ob reiche Amerikaner wirklich so spendabel sind.

Ich war gerade bei C&A in der Umkleidekabine und

probierte einen Übergangsmantel an. Ich hörte das Telefon in meiner Handtasche klingeln. Es war eine Berliner Nummer, die ich nicht kannte. Eine Weile überlegte ich, ob ich überhaupt drangehen sollte.

Ich ging dran, und plötzlich erklärte mir ein Arzt in knappen Worten, dass mein Vater einen Schlaganfall erlitten hatte. Er nannte mir Krankenhausadresse und Zimmernummer und erkundigte sich, ob ich vorbeikommen könnte. Ich bedankte mich ebenso knapp und legte auf. Ich stand noch immer in diesem Mantel vor dem Spiegel. Eine ganze Weile starrte ich mich an. Dann rief ich meine Mutter an. Ich konnte da nicht alleine hingehen, das war ausgeschlossen. Und auch wenn die beiden lange geschieden waren, so war ihr Umgang gut genug, um sie das jetzt zu fragen.

Ich habe den Mantel sogar zurück an den Ständer gehängt, bevor ich losging.

Ich wusste nicht viel über Schlaganfälle. Ich wusste nicht, dass man so etwas mit fünfzig bekommen konnte. Ich wusste nur, dass es schlimm war. Und es war schlimm.

Zehn Wochen lang konnte mein Vater nur liegen, fast nicht sprechen. Kein Gedanke, sein altes Leben wiederaufzunehmen. Und kein Gedanke für mich, jetzt Berlin zu verlassen, um durch die Karibik zu schippern.

Auch wenn klar war, dass mein Vater nicht sterben würde – er würde auch nicht wieder gesund werden. Ein Gericht bestimmte mich sogar vorübergehend zu seinem Vormund.

Mein Vater war bis vor dem Schlaganfall noch mit weit

größerer Ausdauer als ich durch die Kneipen und Bars der Stadt gezogen. Er arbeitete als selbständiger Fotograf und Kameramann und liebte es, auszugehen und Freunde zu treffen. Wie stolz war ich früher, wenn er eine Folge vom *Sandmännchen* gedreht hatte und sein Name im Abspann stand.

Tagsüber arbeitete ich jetzt also im Bremer Hof, abends rannte ich in die Reha, um meinem Vater aus dem *Tagesspiegel* vorzulesen oder einfach nur, um bei ihm zu sitzen. Als er wieder in seine Wohnung ziehen konnte, war es schon September und die Schule würde bald anfangen. Die Betreuung meines Vaters würden wir uns teilen: ein bisschen meine Schwester aus der ersten Ehe meines Vaters, ein bisschen ich. Damit würde er vorerst klarkommen.

Den Job im Bremer Hof behielt ich, für die Wochenenden. Vom BAföG und der erneuten Zuwendung meiner Mutter alleine hätte ich nicht leben können.

Es war einer der ersten wirklich schönen Herbsttage, als ich wieder eingeschult wurde. Die Blätter waren bereits goldgelb und rot, die meisten hingen noch an den Ästen. In der S-Bahn standen die Berufspendler dicht gedrängt. Ich schielte hinaus, zwischen den Armen hindurch, die sich zum Festhalten reckten, um möglichst lange die bunten Blätter sehen zu können. Ich war ein bisschen aufgeregt und freute mich auf meinen ersten Schultag – ich konnte es kaum erwarten, mit dem Lernen loszulegen.

Am erstaunlichsten fand ich es, wie schwer es mir fiel, neunzig Minuten lang auf einem Stuhl zu sitzen. Ich fühlte mich wie ein Erstklässler, der das Stillsitzen lernen muss. Meine Mitschüler waren größtenteils so alt wie ich, also Mitte zwanzig, oder noch ein bisschen älter. Ins Hotel zurück wollten von fünfundzwanzig nur genau zwei: Das waren die beiden Jüngsten. Ihre Eltern hatten sie hierher geschickt, sie sollten hier auf eine Karriere in ihrem Familienhotel vorbereitet werden, das sie schließlich eines Tages mal übernehmen sollten. Alle anderen wollten das genaue Gegenteil von den beiden und damit das Gleiche wie ich: nicht rein ins Hotel, sondern möglichst schnell raus.

Niemand will alt werden im Hotel. Noch nicht mal in der Hoteldirektion, auch diese Jobs sind nicht besonders gut bezahlt und für ein paar hundert Euro mehr arbeitet man endgültig rund um die Uhr, sieben Tage die Woche, zweiundfünfzig Wochen im Jahr. Der Chef einer Kollegin formulierte es so: »Bevor ich morgens meiner Frau ›Guten Morgen‹ sage, rufe ich im Hotel an und frage, ob alles in Ordnung ist. Und nachdem ich ihr abends ›Gute Nacht‹ gesagt habe, rufe ich auch noch mal im Hotel an.« Er war stolz auf seinen Einsatz. Ich kenne Kollegen, die schlafen zu Hause in Hotelbettwäsche und essen von Hotelgeschirr.

In der Schule versammelten sich die, die es nie so weit kommen lassen wollten.

Dass darin ein gewisser Widerspruch steckte, eine Hotelfachschule zu besuchen, um aus der Hotellerie auszusteigen, kam mir erst nach einer Weile in den Sinn.

Wenn unsere Lehrer uns sagten: »Ihr werdet strampeln müssen, wenn ihr woanders Karriere machen wollt. Ihr werdet euch wundern. Niemand gibt euch einen guten Job, nur weil ihr hier wart«, dann dachte ich: Selbst wenn ihr recht habt, was ich bezweifle, und ich mit diesem Studium eigentlich ins Hotel zurück sollte, dann werde ich eben die Einzige sein, die von hier aus doch einen Sprung macht, einen viel größeren, als ihr mir zutraut. Haben nicht schon früher alle Lehrer damit gedroht, aus uns werde nichts, wenn wir nicht bald dieses oder jenes verstünden? Und dann wurde doch etwas aus uns. Zumindest aus einigen.

Das erste Schuljahr war fast zu Ende, als ich Fabian wiedertraf. Ich kannte Fabian, seit ich sechs war, wir waren zusammen in der Grundschule und ich hatte ihn als einen hibbeligen Schlaks mit roter Brille in Erinnerung. Jetzt entdeckte ich ihn auf Studi-VZ. Auf seinem Profilfoto im Netz trug er keine rote Brille mehr. Er hatte ein markantes Kinn bekommen und grinste frech in die Kamera, und das gefiel mir.

Ich schickte ihm eine Nachricht und dann verging fast ein halbes Jahr, in dem wir uns regelmäßig schrieben. Ein erstes Thema für unsere Mails hatten wir: Fabi war Nachtportier in einem Designhotel, in dem die Dichte der echten VIPs tatsächlich ziemlich hoch war, höher als im Royal und höher natürlich als im Diamant, vom Bremer Hof mal ganz zu schweigen.

Fabi konnte wunderbar lustige Geschichten erzählen. Wie er einmal einer Ministerin in die Arme gelaufen war zum Beispiel, die den Weg von der Toilette zurück ins Restaurant nicht fand, oder von dem indischen Gast, den er nachts am Rezeptionscomputer erwischte, wo er gerade versuchte, sich übers Internet ein bisschen weibliche Unterhaltung für die Nacht zu bestellen. Von einem ehemaligen Fußball-Weltstar aus Südamerika, der sich mit einem weiblichen Groupie auf dem Zimmer vergnügte, während ihr Freund unten in der Lobby wartete – bis dieser schließlich auch aufs Zimmer gerufen wurde. Von einem Zimmermädchen, das mit dem Chef ins Bett ging, und deshalb zum »Executive Housekeeper« ernannt wurde, weshalb sie im Personalbüro umgehend Visitenkarten verlangte mit der Aufschrift: »Exklusiver Housekeeper«.

Als wir uns zum ersten Mal trafen, im *Schwarzen Café* in der Kantstraße, tranken wir drei Flaschen Shiraz und redeten bis morgens um acht. Er war so gut gekleidet, er war groß, er sah gut aus. Kurz darauf wurden wir ein Paar.

Ich weiß nicht, ob Hotelmenschen mit Nicht-Hotelmenschen Beziehungen führen können. So wie sich die Filmschauspieler, die bei Fabi im Hotel verkehren, zusammentun, suchen sich auch Hotelleute mit großer Regelmäßigkeit Kollegen als Partner. Sara ist mit einem Kollegen aus demselben Hotel liiert, und auch Katja war eine Zeit lang mit einem Kollegen zusammen.

Wer will schon einen Freund haben, der am Wochenende nie Zeit hat? Der regelmäßig nicht neben einem liegt, wenn man einschläft? Der nicht mal sagen kann, ob er am Geburtstag mitfeiern kann?

Mit Fabi war das plötzlich ganz einfach: Wenn er da war, freute ich mich, und wenn er nicht da war, wusste ich, dass er keine absurden Arbeitszeiten vortäuschte, um fernzubleiben, er konnte wirklich nicht anders. Eine

Freundin aus dem normalen Leben hätte ihm sicher Stress gemacht. Sie hätte ihm vielleicht auch nicht geglaubt, wenn er ihr beteuerte, wie egal ihm die Frauen waren, die bei ihm im Hotel zu Gast waren.

Wann immer es ging, schlenderten wir samstags über den Markt am Winterfeldtplatz, der so dicht mit Ständen übersät ist, dass man sich, wenn man mittendrin steht, einbilden kann, der Markt ende nie. Es ist keiner dieser Biomärkte, auf denen alles, was verkauft wird, so korrekt ist, dass man nur noch an alles Schlechte in der Welt denken kann. Hier mischen sich Nippes-Händler, Bäcker und Aufbäcker, Hähnchengriller und Alte-Apfelsorten-Spezialisten mit Anbietern von Schmuck, der meiner Mutter gut gefällt. Manchmal blieben wir Stunden auf dem Markt, tranken Kaffee oder Sekt oder beides und aßen Kuchen. »Einen Markttag machen«, nannten wir das.

Als ich mich zum Ende der Schulzeit daranmachte, Bewerbungen zu schreiben, half mir Fabi. Er kannte sich gut mit Photoshop und Formatierungen in Word aus, und als nach zwei Abenden meine Mappe fertig war, war ich geradezu euphorisch.

Die Seite hotelcareer.de löschte ich vorsichtshalber aus meiner Bookmark-Liste. Ich musste es diesmal einfach schaffen.

Ich verschickte dreiundvierzig Bewerbungen an ganz unterschiedliche Firmen. Assistenz der Geschäftsführung, Projektassistenz, Bürokraft. Es kamen zweiundvierzig Absagen und eine Einladung zu einem Vorstellungsgespräch, in dem ich gefragt wurde, ob ich auf der Hotelfachschule gelernt hatte, Teller zu polieren. Hatte ich zwei Jahre lang studiert, um mich hinterher dafür veräppeln zu lassen?

Unsere Lehrer hatten also recht behalten.

In der vierundvierzigsten Annonce, auf die ich antwortete, stand: »Für unseren Kunden suchen wir …« Ich begriff nicht sofort, dass so Zeitarbeitsfirmen inserieren und am Ende war es mir auch egal. Ich nahm, was sie mir boten, und so wurde aus mir eine Büroaushilfe, die mal in diese Firma und mal in jene geschickt wurde. Oft dauerte ein Einsatz nicht länger als zwei oder drei Tage. Einmal faltete, kuvertierte und frankierte ich dreitausend Briefe in vier Tagen, und das war keinesfalls der anspruchsloseste Job.

Ich lernte an allen möglichen Vollautomaten Kaffee zu kochen. Jura, Saeco und Gaggia, wie sie alle heißen, diese Monstermaschinen, ohne die kein Büro mehr auskommt, und die dauernd kaputtgehen. Chefs, die morgens keinen Kaffee bekommen, sind auch nicht viel besser als Hotelgäste, die keinen Käse bekommen.

Mit den Kollegen ins Gespräch zu kommen, die Mühe lohnte meist nicht, zu schnell war man wieder weg, zu unwichtig war man im Tagesgeschehen, zu banal erschien den Kollegen, was ich tat. Und das war es ja auch: banal.

Was genau, dachte ich, läuft hier eigentlich schief? Mit ein bisschen mehr Geschick wäre ich jetzt auch einer dieser Büromenschen, jedenfalls glaube ich nicht, dass es mir an Fleiß oder Intelligenz mangelte, um es mit ihnen aufnehmen zu können. Aber stattdessen war ich diejenige, die die kaputte Kaffeemaschine vom Netz nahm und ins Sekretariat wuchtete. Aus den Büros kam dann immer nur ein Stöhnen: »Oh nein, schon wieder kaputt, diese Scheißdinger.« Ja, genau, dachte ich, diese Scheißdinger.

Wenn ich sie so sah, die Versicherungsfrauen, die Werbefrauen, die Angestellten um mich herum, fragte ich mich manchmal, was sie eigentlich von mir unterschied. Gewiss, sie trugen die feineren Sachen. Ihre Einkaufstaschen, die sie von den Mittagspausen ins Büro mitbrachten, waren niemals von C&A, auch nicht von H&M. Zara war schon ein Ausrutscher ins Billigsegment, Marco Polo war gerade noch okay. Manche trugen Schals, wie ich sie aus dem Royal kannte.

Aber warum waren die in der Lage, sich diese französischen Seidenschals zu kaufen, und ich nicht? Wer macht eine Ausbildung in einem Hotel und wem käme so etwas nie in den Sinn? Lag es an den Eltern? Meine Eltern waren beide keine Akademiker, die Eltern von Sara und Katja auch nicht, auch sonst wusste ich von keiner Hausdame und keiner Rezeptionistin, dass sie aus einem Professorenhaushalt kam. Die meisten Eltern waren mittlere Angestellte, Handwerker, Arbeiter. Wenn dann das Kind ins Fünf-Sterne-Hotel zur Arbeit geht, ist das für viele Eltern ein Aufstieg: Schau, die Kleine geht ins Luxushotel. Zu den Reichen, den Erfolgreichen.

Als ich mit meiner Mutter und meinem Bruder alleine lebte, war ich mir für keine Hausarbeit zu schade. Das unterschied mich, glaube ich, damals schon von manchen Mitschülern. Ich konnte es mir jedenfalls nicht leisten, irgendeinen Abiturientendünkel zu zeigen. »Mama

Anna« hat mich mein Bruder genannt. Ich putzte, spülte ab, kochte. Ich fand nie etwas Falsches daran. Ich fand auch später nichts falsch daran, anderer Leute Betten zu machen. Vielleicht war das der Fehler.

Tatsächlich gefiel mir ja manchmal die Arbeit in den Zimmern – und, ja: Ich habe ein Faible für alles Häusliche. Zum ersten Mal kam mir in den Sinn, dass zwischen meinem alten Traum, Immobilienkauffrau zu werden, und dem Housekeeping ein Zusammenhang besteht. In beiden Fällen sorgt man dafür, dass sich andere Menschen zu Hause fühlen. Ich hatte das Putzen immer ernst genommen. Ich finde es schön, wenn ein Zimmer ordentlich und aufgeräumt ist. Ich möchte selbst in einer ordentlichen Wohnung leben und ich kann verstehen, dass ein Gast, wenn er im Hotel ist, ein schönes Zimmer vorfinden möchte. Wer mag schon seine Sachen in den Staub der Nachlässigkeit stellen und sich dann einen schönen Abend machen.

Manchmal schaue ich mir im Internet Hotelzimmer aus aller Welt an. Wenn ich sehe, dass auf dem Foto die Bettlaken nicht ordentlich gespannt sind, dass sie knittern und Falten werfen, dass die Kissen nicht gerade stehen, sondern eine Kissenecke nach vorne und die andere nach hinten zeigt, wenn ich sehe, dass die Naht des Lampenschirms nicht zur Wand, sondern ins Zimmer zeigt, dann würde ich am liebsten zum Telefon greifen und anrufen, um das Hotel zu bitten, das mal zu richten. Im Ernst: Ich würde nie ein Zimmer buchen, das so präsentiert wird. Man lässt sich ja auch nicht mit offener Hose fotografieren, wenn man Geburtstag hat.

Meine Mutter, geschieden, Siebziger-Jahre-Jugend, Sängerin in einer Band, Modedesign-Studentin, viel gereist, durch Thailand, Marokko, Griechenland – sie sagte oft den Satz zu mir, den wahrscheinlich eine ganze Reihe Mütter zu ihren Töchtern sagt: »Mach dich nie von einem Mann abhängig.« Sie hört es nicht gerne, aber ich kann es mir sehr gut vorstellen, einen Mann und eine Familie zu haben und dann zu Hause zu bleiben bei den Kindern.

Für mich ist Harmonie wahnsinnig wichtig. Ich hasse es, wenn zwei Menschen sich streiten. Ich finde nicht nur lautstarke Diskussionen unerträglich, mir reicht es schon, wenn sich Paare in der Öffentlichkeit streiten. Da möchte ich sofort rufen: Seid lieb zueinander, aber sofort. Manchmal rufe ich das auch, und dann schauen die Leute irritiert, weil sie gar nicht gemerkt haben, dass sie gerade dabei waren, Bosheiten auszutauschen.

Vielleicht dachte ich zu Beginn der Ausbildung ja wirklich irgendwo im Hinterkopf, dass ich im Hotel genau das tun könnte: fremden Menschen zu ein bisschen Harmonie verhelfen.

Dass es in Hotels in Wahrheit überhaupt nicht harmonisch zugeht, weil der Ton unter den Angestellten rau ist und weil viele Gäste gar kein Bedürfnis nach Harmonie haben, merkte ich erst nach und nach. Aber war ich darum auch eines dieser stummen Mädchen, die im Royal überall herumwuselten, die schweigend und schüchtern die Zimmer machten oder in der Küche halfen, und die mich immer wahnsinnig an kleine graue Mäuse erinnerten?

Ich denke nicht. Aber inzwischen habe ich sogar ein bisschen Angst, dass es doch meine freundliche Art ist, die meiner Karriere im Weg stand. Im Hotel jedenfalls, und vermutlich nicht nur dort, machen eher die Frauen Karriere, die wahnsinnig tough sind, hart und streitlustig wie die Männer. Auch den Chefs gegenüber. Die es darauf anlegen, den Ton anzugeben, die Konflikte suchen und sie mit den Ellenbogen lösen und die sich so Respekt erarbeiten. Die, die wie ich versuchen, nett und freundlich zu sein, machen keine Karriere.

In meiner ganzen Hotelzeit ist mir nicht eine Frau begegnet, die es durch ihre faire, ausgeglichene Art, gepaart mit Intelligenz und Organisationstalent, in die Hotelleitung geschafft hätte. Viel mehr Erfolg verspricht die Kombination: extrem zickig und extrem gut aussehend. Oder man schläft gleich mit dem Chef.

Sicher mehr als die Hälfte der Frauen im Hotel erhalten früher oder später das freundliche Angebot, auf diesem Wege an einen besseren Job zu kommen. Das Angebot zum karrierefördernden Beischlaf ergeht stets wenig subtil. Nadine hatte in ihrer Ausbildung eine Kollegin, die wahnsinnig gerne für ein paar Monate nach New York ins Schwesterhotel der Kette wollte. Sie blieb dann da, weil sie sich das Ticket persönlich vom Chef hätte abholen müssen. Der Schlüsselsatz hieß dabei: »Wir könnten dann ja auch mal privat was zusammen machen.« Wenn eine Frau im Hotel diesen Satz hört, weiß sie, was er bedeutet.

Vielleicht habe ich ja die eine oder andere Feminismusdebatte in den letzten Jahren verpasst, aber mir scheint, dass es im Großen und Ganzen darum geht, wie erfolgreiche Frauen, Akademikerinnen, endlich Beruf und

Familie miteinander vereinbaren können und wie noch erfolgreichere Frauen endlich in die Vorstandsetagen der großen Firmen gelangen. Ich habe nichts gegen diese Dinge. Ja, es kann sein, dass es auch diese Frauen nicht leicht haben mit den Männern. Aber könnte es nicht sein, ganz eventuell, dass es in den Berufen, die nicht mehr einbringen als zweitausend Euro im Monat, für Frauen noch etwas frauenfeindlicher zugeht? Dass Frauen dort noch am ehesten angemacht und angegrabscht oder gleich von ihren Chefs, den Gästen oder Kunden zum Sex aufgefordert werden?

Mir scheint, als interessierten sich die Frauen, die schick angezogen durch die Hotels schreiten, überhaupt nicht dafür. Jedenfalls habe ich es nie erlebt, dass im Restaurant eines Hotels eine Frau am Tisch mal etwas gesagt hätte, wenn der Kollege zum Hintern der Bedienung griff. Das waren wohl zufälligerweise alles keine Feministinnen.

Was ich auch nie erlebt habe in einem Hotel: dass mal eine von diesen Frauen stehen geblieben wäre und ein Zimmermädchen gefragt hätte: Wie ist das hier so? Was erlebt man? Was verdient man? Es passiert nicht. Es interessiert nicht.

Und trotzdem – oder vielleicht gerade deswegen? – träumten Sara, Katja und ich von nichts mehr als davon, endlich Anschluss zu bekommen an die Welt der Halstuch-Frauen. »Assistenz der Geschäftsführung« – von dieser Stelle träumten wir jetzt alle, davon träumte Sara, davon träumte die Hälfte meiner Hotelfach-Klasse. Ein Job zwischen Chefbüro und Sekretariat, ein Job auf dem halben Weg zu Hermès. In den Pausen auf der Hotelfachschule kursierten Geschichten von Assistentinnen, die es bis in die Geschäftsführung der Firma geschafft hatten. Ebenso gut hätten wir uns Geschichten erzählen können von Menschen, die auf dem Flohmarkt vor dem Schöneberger Rathaus einen echten Picasso für fünf Euro kaufen.

Ich schrieb weiter Bewerbungen, gefühlt so viele wie ich an manchen Tagen Briefe faltete. Und tatsächlich meldete sich irgendwann die Geschäftsführerin eines Immobilienbüros, die sich mich mal »angucken« wollte. Ich bekam den Job. Brutto eintausendsiebenhundert Euro. So viel hatte ich noch nie zuvor verdient. Immobilien! Am Abend vor meinem ersten Arbeitstag konnte ich vor Vorfreude nicht einschlafen.

Es dauerte genau zehn Arbeitstage, bis mir die Frau abends in einer E-Mail von ihrem BlackBerry aus mitteilte, sie habe den Eindruck, dass wir nicht »miteinander harmonieren« und dass es darum keinen elften Arbeitstag mehr geben werde.

Ich schrieb ihr zurück, welchen Bruchteil der eintausendsiebenhundert Euro sie mir bitte überweisen solle. »Liebe Grüße, Anna«. Ich blieb auch da noch höflich. Ich grübelte lange, was sie gestört haben könnte, welche Art von Harmonie uns fehlte. Ich kam zu keinem Ergebnis. Vielleicht hätte sie mir auch schreiben können: »Mir gefällt dein Gesicht nicht.« Das wäre wenigstens ehrlich gewesen.

Mitarbeiter des Monats

Zum ersten Mal in meinem Leben war ich arbeitslos. Ich hatte das nicht kommen sehen. Aber war es nicht seltsam, dass das genau in dem Moment passierte, als ich einen besseren Job haben wollte? Wird nicht ständig gefordert, man solle sich aufraffen, sich selbst verbessern? Was würde wohl einer jener Leistungsprediger, den die Politik bereithält, zu meinem Fall sagen? Sind Leistung und Fortbildung wirklich von allen gewollt? Oder gibt es ein paar Leute, Leute wie ich, die gefälligst weiter das machen sollen, was sie immer schon gemacht haben?

Heißt es nicht auch: Schuster, bleib bei deinem Leisten? Mädchen, bleib bei deiner Wäsche. Einmal Putzfrau, immer Putzfrau. Einmal Zimmermädchen, immer Zimmermädchen. Die Missbilligung, die mich diesmal traf, war anders als die, die ich im Royal kennengelernt hatte. Diesmal traf sie mich aus der Mitte der Gesellschaft: Personalchefs und Personalchefinnen aus nicht mal mittelgroßen Firmen hatten nicht das geringste Interesse, sich von meinen Fähigkeiten zu überzeugen. Anna K., 29, Ex-Zimmermädchen für immer.

Fabian und ich machten weiter unsere Markttage. Es machte nur weniger Spaß. Am Geld lag das nicht, davon hatten wir noch nie im Überfluss gehabt, und weil meine Mutter mir auch jetzt noch hin und wieder etwas überwies, litt ich auch als arbeitslose Betriebswirtin weniger finanzielle Not, als man denken könnte. Es lag eher daran, dass die Stunden auf dem Markt nicht mehr so kostbar waren wie zuvor. Ich hätte ja an jedem Tag über irgendeinen Markt schlendern können.

Dafür klickte ich mich doch wieder durch die Stellenanzeigen der Berliner Hotels. So müssen sich Alkoholiker fühlen, wenn sie doch wieder eine Flasche aufmachen: von sich selbst enttäuscht.

Fabi war so nett, mich nicht damit aufzuziehen, dass ich doch wieder bei den Hotels nachschaute. Ich glaube, dass er es ohnehin nie so ganz verstanden hat, dass ich nicht mehr im Hotel arbeiten möchte. Er ist ein Mann. Ihm machen manchmal ältere Damen schöne Augen oder bitten um eine exklusive Stadtführung, aber noch nie hat man ihm Geld hingehalten und eine heiße Nacht versprochen. Er musste auch noch nie einem nackten Mann Tee aufs Zimmer bringen. Und vor der nackten Frau, die ihn einmal empfing, hatte er natürlich keine Angst.

Dass er zu viel arbeitet und zu wenig verdient, nimmt Fabian mit einer Gelassenheit hin, die sein Chef sicher sehr zu schätzen weiß. Er hat tatsächlich die Gabe, das, was ihm im Job passiert, nicht zu ernst zu nehmen und trotzdem nicht zynisch zu werden. Er hat vielleicht wirklich gute Chancen, in seinem Hotel aufzusteigen. Wer weiß, vielleicht erfüllt sich bei ihm das Unglaubliche und er bekommt eines Tages eine Traumstelle in seinem schicken Hotel.

Ich zog es vor, in der Nacht vor meinem ersten Bewerbungsgespräch in meiner eigenen Wohnung zu übernachten. Nicht dass ich beim Kaffee noch in Tränen ausbrach.

»Empfangsmitarbeiterin« stand in der Ausschreibung und auch, dass ich idealerweise große Leidenschaft für besonderen Service mitbringen möge und den Anspruch, die Wünsche der Gäste schon zu erfüllen, bevor sie diese überhaupt ausgesprochen hatten. Nun denn. Ich ging hin und zwang mich, das Ganze wirklich ernst zu nehmen. Vielleicht war die Stelle ja doch nicht so schlecht.

Die beiden, die mich interviewten, wirkten unsicher. Waren die überhaupt schon dreißig? Sie sahen nicht älter aus als ich. Er war Rezeptionsleiter, sie leitete das Hotel. Vielleicht war es ihre erste Bewerbungsrunde, ich weiß es nicht. Jedenfalls lasen sie ihre Fragen von einem Blatt ab, das sie vor sich liegen hatten. Am liebsten hätte ich ihnen geraten, sich doch mal zu entspannen, es würde schon nicht so schlimm werden.

Ich gab mir Mühe, nicht arrogant zu wirken. Aber als er mich schließlich, halb aufs Blatt schielend, fragte: »Was glauben Sie, sind meine größten Stärken?«, konnte ich mir ein Grinsen nicht verkneifen. Bewerbungsgespräche zu leiten schon mal nicht, dachte ich. Aber bevor ich überhaupt antworten konnte, korrigierte seine Kollegin ihn wie einen Mitschüler, der in der fünften Klasse »to be« falsch konjugiert: flüsternd, mit leicht nervösem Augenaufschlag.

Es ging noch ein bisschen hin und her, zu unsouverän kann ich nicht gewirkt haben. Ich konnte ihnen auf alle

Fragen eine wunderbar formulierte Antwort geben. Am Ende fragten sie mich nach meinem Gehaltswunsch.

»Einsacht brutto stelle ich mir vor«, sagte ich und fand das keinesfalls übertrieben. Ich hätte gerne mehr verlangt, wusste aber, dass das utopisch gewesen wäre.

»Oh!«, sagten sie beide wie aus einem Mund. Was, »oh?«, dachte ich. Sie schauten sich an, als würden sie einander fragen: »Wer sagt es ihr? Los, sag du's, ich trau mich nicht.«

Schließlich antwortete sie: »Wir hatten eher so an einszwei gedacht.«

Tausendzweihundert Euro? Ich erschrak. Hatten die überhört, dass ich auf der Hotelfachschule gewesen war? Ich war jetzt Betriebswirtin und sollte weniger verdienen als zuvor? Hab ich irgendwas verpasst, als ich an der Schule war? Wurde inzwischen der Wochenlohn verhandelt und nicht mehr der Monatslohn? Wird neuerdings in netto verhandelt statt in brutto? Wurde, ohne dass ich es mitbekommen hätte, eine neue Währung eingeführt?

Ich wusste natürlich: In den letzten Jahren waren eine Menge neuer Hotels in Berlin entstanden. Dass es so viele gibt, ist einerseits gut, denn es gibt dadurch auch viele Jobs. Aber andererseits ist es eine Katastrophe. Mit billigen Zimmern jagt man sich gegenseitig die Gäste ab. Und woran sparen die Hotels wohl zuerst, um ein Neunundfünfzig-Euro-Zimmer anbieten zu können?

Eigentlich müssten sich die Hotels nach Leuten wie mir reißen: gut ausgebildet und mit jeder Menge Arbeitserfahrung. Sie tun es aber nicht. Wenn sie mich nicht kriegen, weil ich ihnen zu teuer bin, nehmen sie eben jemanden, der weniger Geld verlangt oder gar nicht gelernt hat. Es ist wie mit den billigen Matratzen: Eine Zeit lang geht es gut. Und dann wird wieder gewechselt.

Weil ich ein höflicher Mensch bin, antwortete ich den beiden nicht, dass sie sich schämen sollten, mir so ein lächerliches Gehalt zu bieten, sondern ich sagte, was ich manchmal auch auf dem Nollendorfplatz am Markttag sage, wenn ich um irgendeinen Nippes verhandele: »Na ja, vielleicht können wir uns ja irgendwo in der Mitte treffen.«

Inzwischen war die junge Frau selbstbewusster geworden, jedenfalls kam das »Nein, ausgeschlossen« sehr rasch aus ihrem Mund, sogar ohne dass es eines Blickkontakts mit ihrem Tischnachbarn bedurft hätte.

»Aber wir können Ihnen stattdessen noch etwas anderes anbieten«, sie klang jetzt fast professionell: »Wir verschenken jeden Monat einen Fünfzig-Euro-Gutschein für Saturn an den Mitarbeiter des Monats.«

Ich schwieg und sah sie an. »Das ist dann praktisch … wie fünfzig Euro netto mehr«, sagte sie schon nicht mehr ganz so selbstsicher.

Ein Gutschein von Saturn? An den Mitarbeiter des Monats? Ich schwieg einfach weiter und wartete, was als Nächstes passieren würde. Was hatten sie noch zu bieten? Kostenloses Leitungswasser? Fünf Blatt Klopapier pro Person und Stunde? Kugelschreiber gratis?

Der junge Mann guckte jetzt, als müsse er dringend auf die Toilette. Mein Schweigen war ihm unangenehm. Sie nickte schließlich und war bemüht, die peinliche Stille nicht noch größer werden zu lassen: »Gut, dann …«

Ich ließ sie diesen Satz nicht zu Ende sprechen. Stattdessen stand ich auf und sagte so gelassen ich konnte: »Wenn der Gutschein von Aldi gewesen wäre, hätte ich es mir noch mal überlegt. Damit hätte ich dann wenigstens was anfangen können.«

Ich ging zur Tür, wünschte noch einen schönen Tag und war draußen.

★ ★ ★ ★ ★

Epilog

Ich arbeite wieder im Hotel, bis zum heutigen Tag. Vier Sterne, Rezeption, einssechs brutto. Meinen Wintermantel hat meine Mutter bezahlt und die Riester-Rente habe ich kürzlich gekündigt. Der Job ist auf acht Monate befristet.

Ein Kollege hat mir vor ein paar Wochen einen Zettel zugesteckt: »Gehe in drei Monaten, dann wird hier 'ne Stelle frei. Wäre das was für dich?« Ich weiß nicht, ob ich darauf hoffen soll.

Mit Katja telefoniere ich weiterhin nahezu täglich. Männer-, Job- und Putzgespräche. Cillit Bang heißt unsere neuste Entdeckung, ein Pumpspray-Reiniger in den Ausführungen Kalk & Schmutz, Multi-Fett, Tiefenreinigung & Schimmel und Toilette & Schmutz.

Wir planen immer noch gemeinsame Urlaube. Leider schaffen wir es nie, zusammen wegzufahren. Es scheitert abwechselnd am Geld oder an der Zeit. Meistens am Geld. Letztes Jahr waren wir gedanklich in Thailand, davor in Schweden, in Kroatien haben wir uns auch schon mal einen schönen Urlaub vorgestellt. Es kommen nur Länder infrage, in denen es keine großen Spinnen gibt.

Katja war zuletzt Assistentin des Geschäftsführers in einer Firma für Facility Management. Sie hat sich mit dem Chef gestritten, weil sie fand, dass die Putzleute im Vergleich zu ihr zu wenig verdienen. Er hat ihr angeboten, ihr Gehalt auch zu kürzen, wenn ihr das lieber sei.

Wir treffen uns nach wie vor oft zu dritt, Katja, Sara und ich. Die drei Damen vom Central.

Sara war bis vor zwei Monaten noch im Housekeeping. Jetzt arbeitet sie vertretungsweise in Katjas Firma und hat eine Stelle als Hausdame in einem Zwei-Sterne-Hotel in Aussicht.

Der Vietnamese, bei dem wir uns treffen, liegt gleich am S-Bahnhof, auf dem Schnittpunkt unserer Arbeitswege. Erst trinken wir Prosecco, dann bestellen wir die 233, Hühnchenfleisch mit rotem Curry. Es ist schön, wenn wir das Gleiche essen. Es ist ein bisschen so, als säßen wir zu Hause und jemand hätte für uns gekocht. Jemand, der es gut mit uns meint.

Beim letzten Treffen erzählte ich von Vera, meiner alten Schulfreundin. (Vielleicht, denke ich manchmal, ist das ja ein Vorteil meines Berufs: Ich habe nie gedacht, dass ich ohne die Unterstützung meiner Freundinnen auskommen könnte.) Sie war in der Woche zuvor in Berlin, hatte einen Auftritt im »Schimmelreiter«. Vera ist Schauspielerin in Dresden. Ich besuche alle ihre Auftritte, wenn sie in Berlin ist. Jedes Mal habe ich Blumen dabei.

»Bist du nicht eifersüchtig?«, fragte mich Sara.

»Nein, warum?«

»Na ja, weil sie so einen tollen Beruf hat.«

»Ich bin stolz auf sie, wenn ich sie auf der Bühne sehe.

Sie schuftet genauso viel wie wir. Und sie verdient auch nicht mehr.«

»Aber bei uns sitzt keiner im Publikum. Bei uns klatscht keiner, wenn wir fertig sind.«

»Doch, bei mir ist das immer so«, sagte ich.

»Bei mir auch«, sagte Katja. »Vielleicht machst du was falsch?«

Sara hat nur ein bisschen das Gesicht verzogen.

»Ich denke nur manchmal: Sie wollte immer Schauspielerin werden, und jetzt ist sie es«, sagte ich. »Sie wurde, was sie unbedingt werden wollte. Das war bei uns nicht so.«

Wir bestellten eine neue Runde Prosecco.

»Als meine Schwester im Hotel anfing«, sagte Katja und sah dabei den Bläschen in ihrem Glas zu, »war ich neun Jahre alt. Ich fand es toll, wie sie geschminkt war. Jeden Morgen ist sie raus im Kostüm. Das wollte ich auch. Damals war ich zu klein für ihre Geschichten. Sie hat mir nie etwas erzählt. Aber als ich dann selber ins Hotel ging, da hätte sie doch was sagen können.« Katja schüttelte den Kopf und leerte das Glas in einem Zug.

»Hast du sie mal gefragt, warum sie nichts gesagt hat?«, fragte ich.

Katja verneinte. »Ich dachte immer, vielleicht habe nur ich diese ganzen Sachen erlebt.«

»Und da heißt es immer, wir Frauen reden über alles«, meinte Sara, »ich habe mit meiner Schwester ja auch nie über das gesprochen, was im Hotel so passiert. Und mit meiner Mutter erst recht nicht.«

Die Kellnerin brachte uns die dritte Runde Prosecco.

Ich hob das Glas: »Wir schwören, von nun an darüber zu reden. Damit es besser wird.«

»Es lebe die Revolution«, sagte Katja und lachte.

»Okay, wir sagen es allen«, rief Sara so laut, dass die Kellnerin, die schon wieder auf dem Rückweg war, sich umdrehte und zu uns herüberlächelte.

Danke

Bedanken möchte mich bei Isabel Canet und Matthias Stolz, die mir dabei geholfen haben, dieses Buch zu schreiben. Bei meinen Mädels und meinen Jungs aus dem Central – dafür, dass es euch gab und immer noch gibt in meinem Leben. Bei meiner wunderbaren Mama, meinem tollen Bruder und überhaupt bei meiner ganzen phantastischen Familie. Bei Constanze Neumann für das Lektorat, bei Marko Jacob für seinen Agentenjob und bei Ursula Canet für ihre Komma-Kompetenz. Bei Fritz Schaap und Caroline Erdmann und einem kleinen Zufall, den die beiden beförderten. Beim ZEITmagazin bei Miryam, Line, Franzi, Tyne, Anna und Tobi.

Und, aber so was von: bei den zahlreichen Kolleginnen, die mir in den vergangenen Monaten noch mal das ein oder andere Erlebnis im Hotel geschildert haben. Ich danke ihnen, leider ohne ihre Namen nennen zu können. Sonst bekämen sie auf einmal noch Ärger.